科学经营，是指企业要遵循"道、法、术、器、势"的逻辑，对标国际先进企业系统模型（BLM 是内核），进行有章法的筹划、规划、治理和管理、增长与提效等经营行为。

学好科学经营，可以解开企业业绩增长难的谜团，可以基于企业现状设计方案，开启可复制的业绩增长之路，从而使企业实现可持续的高质量发展。

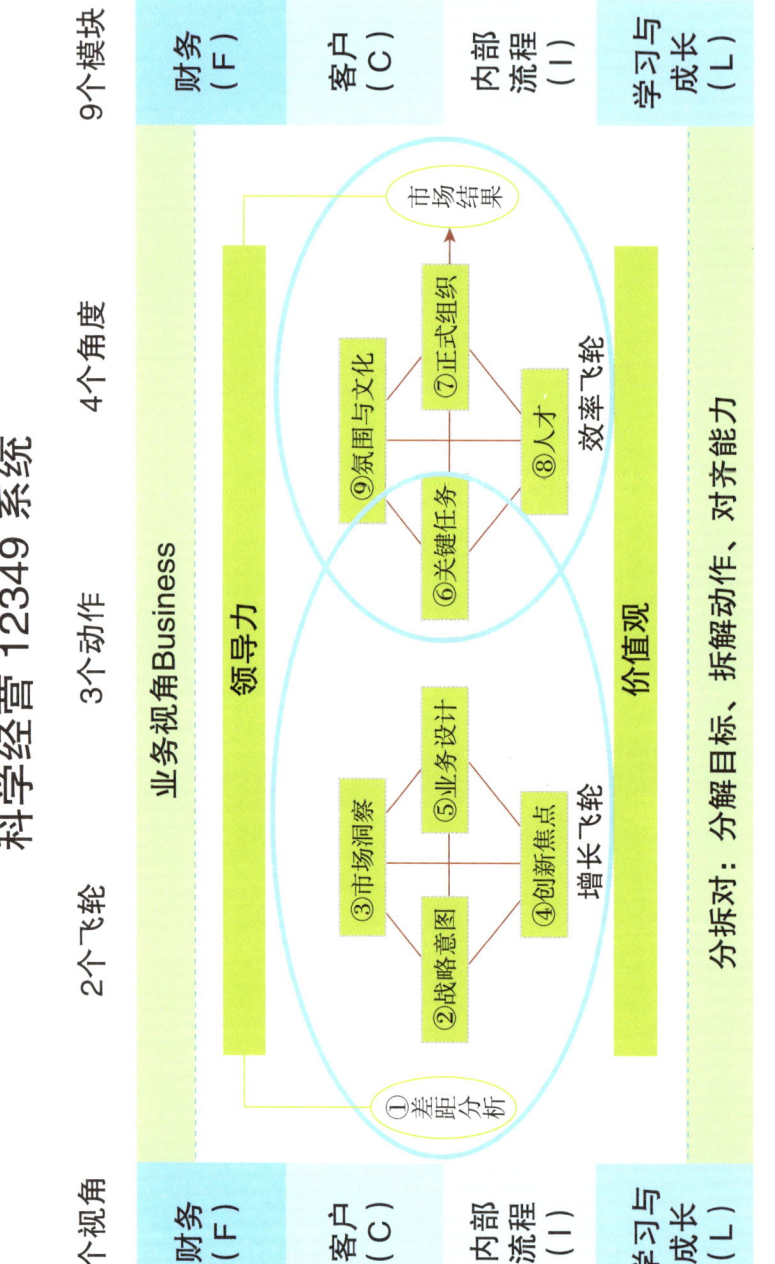

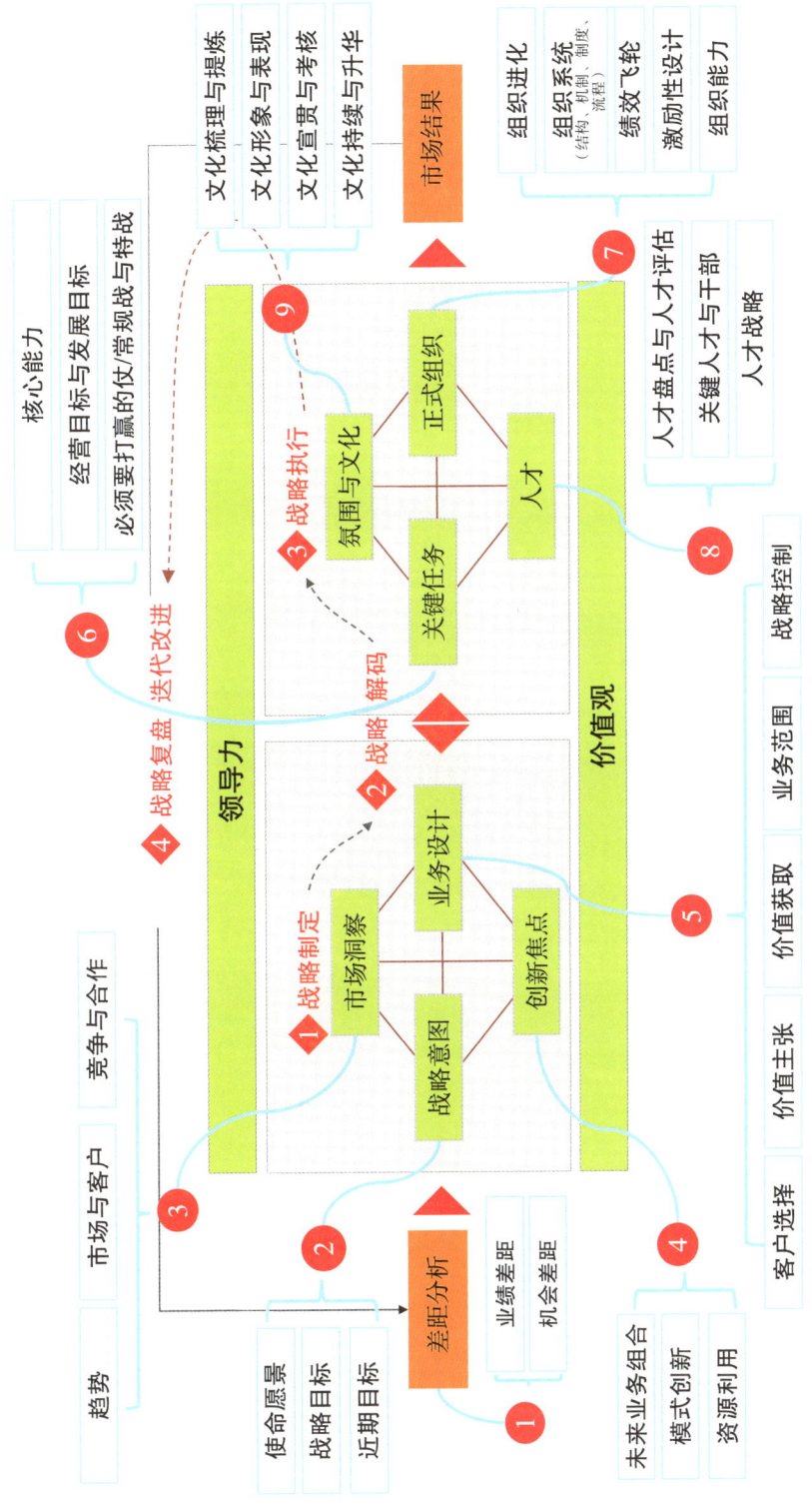

BLM全景图

科学经营曲线

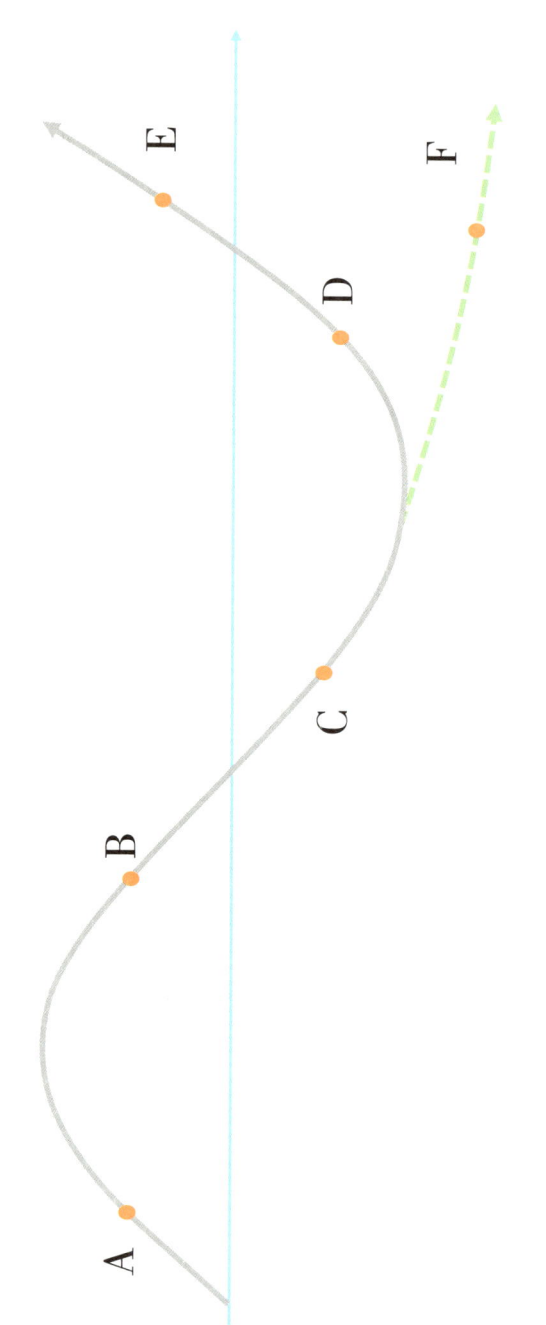

科学经营曲线展示了企业经营的几个阶段。在该曲线中,A代表扩张,B代表扩张性衰退,C代表收缩性衰退,D代表复苏反弹,E代表再造繁荣,F代表崩溃、死亡。

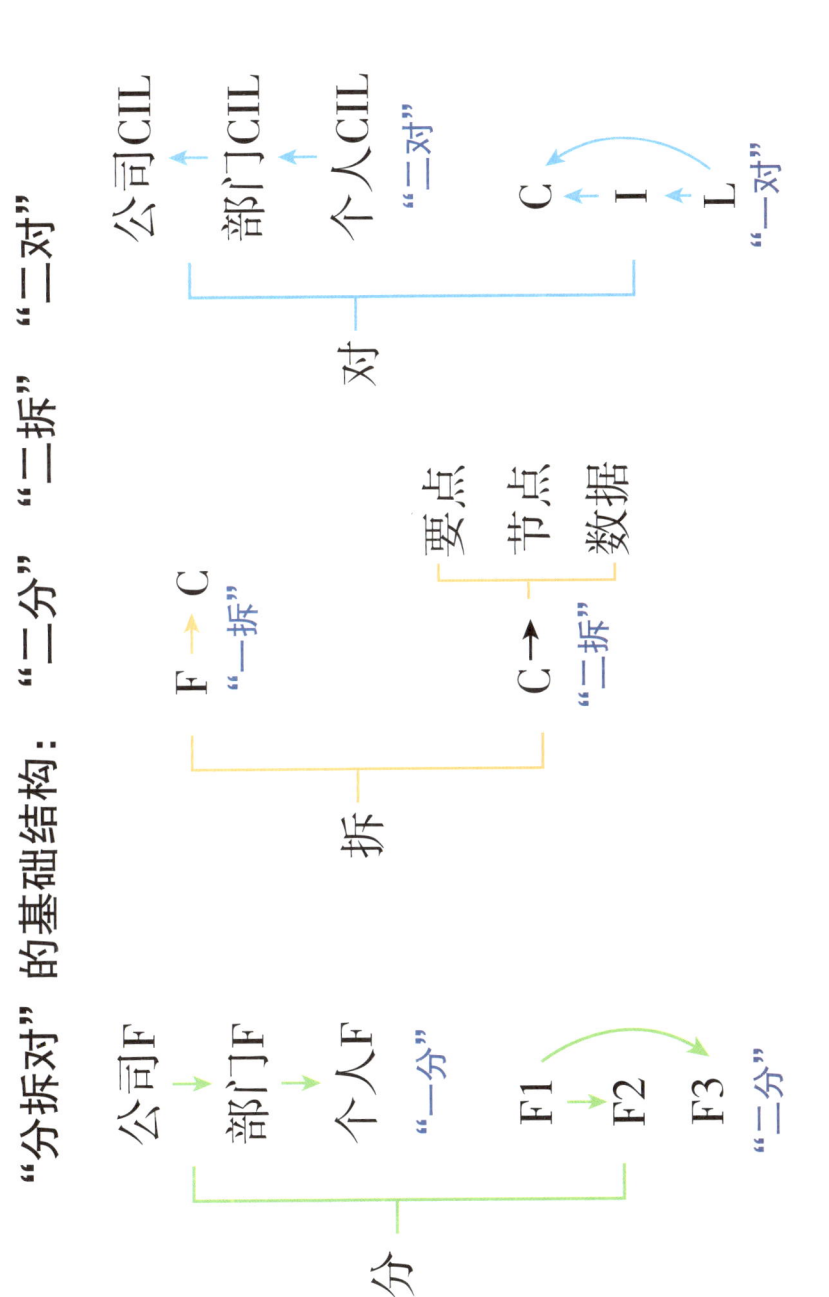

"分拆对"解决了战略规划与执行之间的断层问题,为企业提供了从战略目标到具体行动的有效路径,以其强大的实用性,引领着越来越多的企业走向战略管理的新高度。

BSC老方三条边

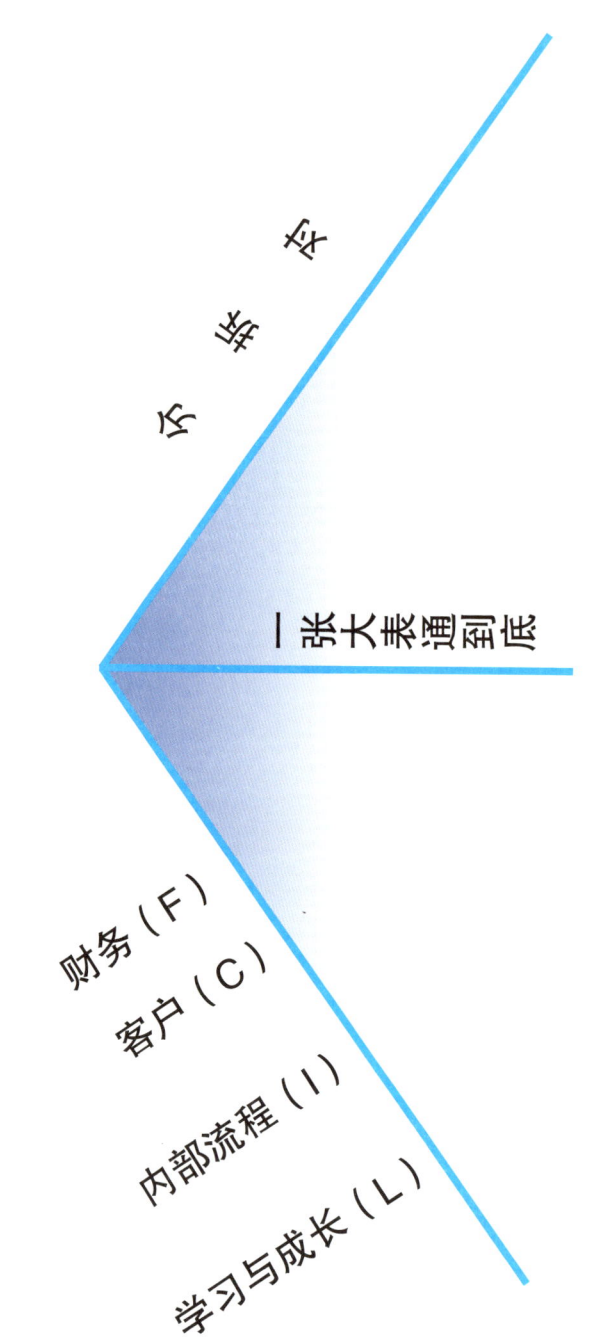

为什么BSC（平衡计分卡）难落地？之前大部分企业都知道从F、C、I、L四个角度入手，但是从公司拆解到部门和个人的时候，一致性总是出现问题，导致目标之间割裂，做不到利出一孔。"BSC老方三条边"解决了这个问题，通过一张大表，将战略巧妙地解码成可执行可落地的BSC各项内容，同时让行动计划的制订有了清晰的标准和依据，保证了执行的一致性。

做企业是个专业活

科学经营

AI时代的企业方法论

方永飞 ◎ 著

北京联合出版公司
Beijing United Publishing Co.,Ltd.

图书在版编目（CIP）数据

科学经营 / 方永飞著 . -- 北京：北京联合出版公司, 2025. 6. -- ISBN 978-7-5596-8450-9

Ⅰ . F272.3-49

中国国家版本馆 CIP 数据核字第 2025A898M0 号

科学经营

作　　者：方永飞
出 品 人：赵红仕
选题策划：北京时代光华图书有限公司
责任编辑：刘　恒
封面设计：济南新艺书文化

北京联合出版公司出版
（北京市西城区德外大街 83 号楼 9 层　　100088）
北京时代光华图书有限公司发行
北京晨旭印刷厂印刷　　新华书店经销
字数 210 千字　　787 毫米 ×1092 毫米　　1/16　　17 印张
2025 年 6 月第 1 版　　2025 年 6 月第 1 次印刷
ISBN 978-7-5596-8450-9
定价：78.00 元

版权所有，侵权必究

未经书面许可，不得以任何方式转载、复制、翻印本书部分或全部内容
本书若有质量问题，请与本社图书销售中心联系调换。电话：010-82894445

前 言

科学经营是企业高质量发展的底座

俗话说，逆水行舟，不进则退。当今时代，企业如果不能实现持续增长，就会被快速淘汰。遗憾的是，持续增长变得越来越难，不少企业陷入了增长困境：尽管经营如常，业绩却不断下滑。于是，大家绞尽脑汁寻找答案。到底是哪里出了问题呢？是产品、团队，还是品牌？又该如何解决呢？

面对上述情况，我们不要自乱阵脚。《孙子兵法》有言："故善战者，致人而不致于人。"意思是说，善于作战的人能够调动敌人，而非被敌人调动。企业经营也是如此。赢家不是因为赢才成为"第一"，而是先成为"第一"才赢的。成为"第一"，才能先发制人；成为"第一"，才是企业最好、最快的取胜之道。企业如何才能成为"第一"呢？关键仍在业绩增长上。

业绩增长是企业发展的氧气，增长的结构、增长的逻辑才是业绩增长的根本。经营企业，如果没有对标模型和底层架构，就永远都是在进行低水平的重复。那么，如何找到业绩增长的突破口？实现业绩增长的路径是什么？业绩持续增长的结构是什么？

科学经营可以有效地解决上述问题。学好科学经营，可以解开企业业绩增长难的谜团，可以基于企业现状设计方案，开启可复制的业绩增长之路，从而使企业实现可持续的高质量发展。

科学经营由我带领的光华团队所创，指企业要遵循"道、法、术、器、势"的逻辑，对标国际先进企业系统模型（BLM[①]是内核），进行有章法的筹划、规划、治理和管理、增长与提效等经营行为。

高增长时代，企业靠红利驱动，重视流量；高质量时代，企业靠能力驱动，建底座。底座不牢，地动山摇。底座是什么？底座就是基建，就是地基。科学经营就是企业高质量发展的底座。企业落地科学经营，就是做基建，就是打地基。有了底座，企业才有可能越来越好。否则，永远都是野蛮生长，脚踩西瓜皮，滑到哪里是哪里。

以科学经营12349系统（含1个视角、2个飞轮、3个动作、4个角度、9个模块）为框架，融会贯通9个模块，落地应用18个工具，结构化分析36个关键数据，企业经营就变得有章可循，从而实现战略上的舍九取一，战术上的利出一孔。由此，老板一心不乱，高管同频共识，组织充满活力。

简而言之，科学经营 = 模型 + 数据 + 结构化分析 + 工具 + 落地。

企业要实现科学经营，就要做好8件事，其中横向3件：战略规划、战略解码、战略执行；纵向5件：调焦、松土、分解目标（分）、拆解动作（拆）、对齐能力（对）。前者解决资源消耗的问题，后者解

---

① BLM，全称 Business Leadership Model，意为业务领先模型。

决组织内耗的问题。

不过，持续落地上述 8 件事，也只是科学经营的一部分。企业要实现科学经营，需要构建"道、法、术、器、势"五位一体。

道：

道以明向，大道至简。道为企业指明规则和方向，并提供最底层的价值标准。科学经营的"道"就是"持续增长，成为第一"，是指企业要永远保持危机感，不断追求卓越。经营企业一定要有雄心壮志，这是一切的基础。

法：

法以立本。法是模型、框架与范式，是方法论。科学经营的"法"就是 BLM，企业要根据该模型统筹从战略制定到战略执行的全过程。

术：

术以立策。术提供的是路径、策略和操作方法。科学经营的"术"就是 BSC（全称 Balanced Score Card，平衡计分卡），它是连接战略与执行的桥梁。我开创性地提出了 BSC 落地实践的"12345"（含 1 张表、2 条线、3 条边、4 个角度、5 个内容）。尤其推出了全员"分拆对"三个动作，堪称 BSC 落地实践的最优路径。

器：

器以成事。工欲善其事，必先利其器。器就是称手好用的工具。科学经营的"器"是绩效飞轮。绩效飞轮是以绩效增长为主线，驱动从战略到执行的全流程数字化管理系统。该系统以 BLM 为底层框架，成功融入 BSC 等科学管理方法；以目标管理为内核，通过软件重新定义企业管理流程，将传统的经验型管理升级为智能型管理。

势：

势以立人。做企业一定要顺势而为。势是大势、形势，是商业的土壤与环境。科学经营的"势"就是 Business（业务视角），是指以客户为中心，以业绩增长为主线，坚持系统思维，升级经营性财务。

道、法、术、器、势，始终围绕业绩的增长、全局的势能与市场的环境，由战略到目标，再到路径、工具落地，然后又回到战略，如此循环往复。

围绕科学经营，我们构建了光华大增长营、光华科研院、光华共创会、光华数字化、光华商学院、光华咨询陪跑"六位一体"业务模式。

到目前为止，我们已成功助力中巨芯、护童、创辉电气、宇龙药业、鸿晨集团、宋光电子、东江汽车、锦宇汽车等企业落地科学经营，夯实底座，帮助其从优秀到卓越，率先成为"下一代企业"，一起冲刺"新三高"——高标准体系、高水平管理、高质量发展。

序

"分拆对"方法,引领战略解码与执行的新纪元

世界上最遥远的距离,不是生与死,而是"知道"与"做到"之间的差距。阿里的某位创始人曾明确表示:"宁要三流的战略加一流的执行,也不要一流的战略加三流的执行。"任何与企业战略目标相背离的投入和行为,都是巨大的浪费。

然而,从战略规划到实际落地往往存在着一道道难以逾越的鸿沟。企业如何高效、精准地实现自己的战略目标,成为每一位管理者面临的重大课题。

我根据近30年的实战经验,结合中国企业经营实际情况,开创性地提出了"分拆对"战略解码与执行落地方法,为企业擘画出从愿景到现实的清晰路径。

"分拆对"是"分解目标、拆解动作、对齐能力"的简称,是指企业在进行战略管理时采用BSC这一管理工具,并遵循"分解目标、拆解动作、对齐能力"的原则,将BSC正确地落地实践,从而进行有效且高效的战略管理、解码与执行落地等经营行为。它既是BSC落地实践的重要

方法，又是科学经营12349系统的重要组成部分。

科学经营12349系统由1个视角、2个飞轮、3个动作、4个角度、9个模块、18个落地工具、36个关键数据组成。其中，1个视角是指业务视角（Business），2个飞轮是指增长飞轮和效率飞轮，3个动作即"分拆对"，4个角度是指BSC的财务（Financial，简称F）、客户（Customer，简称C）、内部流程（Internal Business Processes，简称I）、学习与成长（Learning and Growth，简称L），9个模块是以BLM（业务领先模型）为基础的9个战略管理模块，18个落地工具即企业战略落地执行必不可少的工具，36个关键数据是指实时动态检测企业健康状态的各项衡量指标。模型+数据+结构化分析+工具+落地，构成了企业高质量发展的坚实底座——科学经营。

BSC提供的是战略实现的路径、策略和操作方法，是连接战略与执行的桥梁。BSC被《哈佛商业评论》誉为"近75年来最伟大的管理工具"，但是由于其复杂的理论体系和繁杂的落地环节，一直难以被企业大范围应用。

我根据其30余年的企业赋能经验，结合中国企业经营实际情况，开创性地提出了"**一张大表通到底，落地方法分拆对**"，完美解决了BSC难以落地应用的问题，并由此系统性地提出了BSC落地实践的"12345"（含1张表、2条线、3条边、4个角度、5个内容）。

"一张大表通到底，落地方法分拆对"不仅是BSC落地实践的重大创新，更是企业战略解码与执行领域的一次深刻变革。

"一张大表通到底"，融合了战略地图、平衡计分卡（BSC）、行动计划表等传统工具，是"一图、一卡、一表"的集大成。

无论是在企业、部门还是个人层面，无论是月度、季度还是年度周期,都使用同一张格式统一的大表,进行目标设定、动作拆解和能力对齐,从而极大地简化了管理流程,实现了全员同频共振。这种统一的语言、工具和表格,促进了企业内部的信息透明和沟通效率提升,减少了执行偏差,提升了整体执行力。

"分拆对"解决了战略规划与执行之间的断层问题,为企业提供了从战略目标到具体行动的有效路径,以其强大的实用性,引领着越来越多的企业走向战略管理的新高度。在快速变化的商业环境中,"分拆对"无疑为企业提供了一个有力的武器,让战略不再停留于纸上,而是转化为推动企业高质量发展的强大动力。

"分拆对"的基础结构是"二分""二拆""二对"(如图1)。

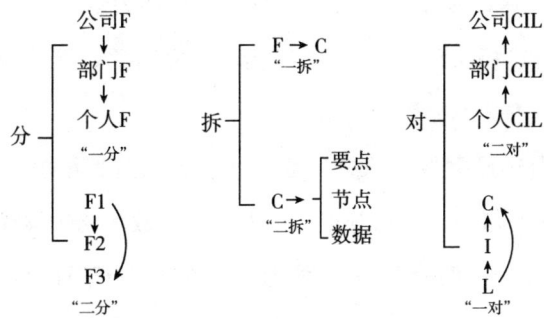

图1 "分拆对"的基础结构:"二分""二拆""二对"

分:分解目标。

"一分"是指企业在制定全员工作目标时,应该按照自上而下、从集体到个体的原则,由上司主导,将企业的目标(一般指BSC定义中的F,财务维度)分解到部门目标,再逐层分解到个人目标。

"二分"是指各层级均需把笼统的大目标按照产品、区域、时间、部门、客户、流量等不同维度分解为详细的小目标。

拆：拆解动作。

"一拆"是指各层级目标均需进一步拆解为关键动作（一般指 BSC 定义中的 C，客户维度），以支撑目标的实现，核心在于从企业策略到具体战术的转变。

"二拆"是指要对关键动作进行要点、节点与数据三个维度的拆解，以确保动作执行的正确性、及时性和有效性。

对：对齐能力。

"一对"是指组织能力建设和个人能力建设（一般指 BSC 定义中的 I 和 L，内部流程维度和学习与成长维度）需要对齐关键动作所需，以支撑动作的完成与完美，确保关键动作不走样，保障目标的达成。

组织能力建设需要从流程、体系、创新能力等维度对齐，具体包含：关键流程、相关政策、相关制度与机制等体系、产品或服务创新、法规与社会责任（风险防范）等。

个人能力建设需要从人才、数字、领导能力等维度对齐，具体包含：人才引进、培训、知识管理、引入并使用数字化工具或软件、学习与发展、企业文化建设等。对齐能力，一般按照自下而上、个体向集体看齐的原则，由下属主动、主导完成。

"二对"是指个人层面的 CIL 需要主动向上对齐部门层面的 CIL，部门层面的 CIL 需要主动向上对齐公司的 CIL，以确保企业全员的工作目标、关键动作、能力成长均围绕企业战略目标展开。

光华推出的这套"分拆对"方法始终围绕企业战略目标展开，自研发以来，已经帮助数以千计的企业实现战略管理升级，适合行业全，覆盖维度广，使用门槛低，运行效果好，是少有的适合全规模企业的战略解码与执行落地方法，值得广大企业认真学习与使用。

目 录

1 企业经营需要养成大思维

企业经营当前面临的新形势　//003
1. 不确定的时代需要新视野　//003
2. 数字化 AI 浪潮带来新变化　//005

企业经营与企业家的思维认知密切相关　//006

大思维是企业应对不确定性的必选项　//009

大思维是企业走向卓越的好帮手　//015
1. 追求卓越,建立一家伟大的公司　//015
2. 追求卓越,离不开 20 英里法则　//018
3. 追求卓越,需要真正的战略性思维　//020

企业经营需要养成的三种大思维　//021

1. 大思维一：拥有强者意识，实现规模碾压　　//021
2. 大思维二：进行系统思考，学会看见整体　　//026
3. 大思维三：坚持长期主义，顺利穿越周期　　//045

2　科学经营曲线助力企业穿越周期，超越自我

认识科学经营曲线　　//055
1. 科学经营曲线的基本原理　　//055
2. 用科学经营曲线重新定义企业　　//059
3. 用科学经营曲线来实现企业的高质量发展　　//063
4. 用科学经营曲线鼓励引导业务价值曲线的创新　　//064
5. 从科学经营曲线到科学经营系统　　//068

科学经营曲线助力企业翻过山丘，跨越鸿沟　　//069
1. 危机也代表着机会　　//069
2. 跨越鸿沟是企业的必然选择　　//072
3. 跨越鸿沟的两种姿势　　//074
4. 企业家必须要有面对鸿沟的勇气　　//080
5. 选对路径，企业才能跨越鸿沟　　//085
6. 企业发展要明确自身定位　　//088
7. 跨越鸿沟要懂得与时俱进　　//091

科学经营曲线助力企业重新定义，穿越虚实　　//098

　　1. 实体经济和虚拟经济的融合是未来发展的方向　　//098

　　2. 牛顿式管理和量子式管理的融合是组织管理方式发展的方向　　//103

　　3. 虚实融合，重新定义成就新赛道　　//108

科学经营曲线助力企业超越自我，穿越周期　　//110

　　1. 保持开放，避免情绪化决策　　//110

　　2. 吸引和留住人才，学会做对的决定　　//116

　　3. 成为时代的乐观者　　//119

3　科学经营 12349 系统如何落地

认识科学经营 12349 系统　　//125

　　1. 什么是科学经营 12349 系统　　//125

　　2. 科学经营 12349 系统的核心——BLM　　//128

科学经营重新定义企业的增长　　//141

　　1. 科学经营的企业要实现可持续高质量增长　　//141

　　2. 科学经营的企业要实现可复制的增长　　//146

　　3. 科学经营的企业增长要依靠战略聚焦　　//162

科学经营系统助力企业战略落地 //169
　1. 差距分析：找出机会在哪里　//169
　2. 战略意图：看清终局在哪里　//172
　3. 市场洞察：了解变化在哪里　//197
　4. 创新焦点：找到实现路径　//203
　5. 业务设计：注意取舍　//210
　6. 关键任务：打赢关键之仗　//220

用科学经营系统助推企业高质量发展　//228
　1. 要有"成为第一"的勇气　//228
　2. 统一业务视角，进行智能型管理　//229
　3. 不要成为评论家　//235

附表　//240

1

企业经营需要养成大思维

企业经营当前面临的新形势

1. 不确定的时代需要新视野

如今,不少企业家将自己的关注点集中在三个方面,即企业该如何发展,企业家该如何做对决策,如何用战略性的思维推动企业获得更大的发展。很多人也问过我类似的问题,他们非常想知道企业接下来的发展会怎么样。其实,要想知道上述问题的答案,我们必须要冷静穿越茫茫黑夜,拨开遮住真相的层层迷雾。

现在很多东西都在降，PMI①在降，CPI②在降，PPI③在降……这样大幅度的"降"，使得未来经济必然面对更多充满不确定性的考验和挑战。而不确定性同样是我们身处的这个时代的特质。

2005年，经济学家托马斯·弗里德曼（Thomas Friedman）写了一本书，叫《世界是平的：21世纪简史》。众所周知，地球是圆的，为什么弗里德曼讲世界是平的呢？其实，他是想告诉我们：全球化的趋势不可阻挡。时至今日，20年过去了，正如弗里德曼所讲的一样，全球化的趋势已不可逆转。

无独有偶。2009年，"互联网革命最伟大的思考者"克莱·舍基（Clay Shirky）写了《未来是湿的：无组织的组织力量》一书。无组织的组织力量是基于网络化的集体行动存在的。此前，光是要把人们聚集在一起就要花费很多精力。现在，个体终于掌握了全球分享与合作的工具。

正如托马斯·弗里德曼的《世界是平的：21世纪简史》带给我们对全球化的全新认知，克莱·舍基的《未来是湿的：无组织的组织力量》带给我们对网络化的重新思考，面临汹涌的数字化AI浪潮，企业未来将何去何从，需要我们打开思路，开阔新视野，做出最有利于企业发展的选择。

---

① PMI，全称Purchasing Managers' Index，意为采购经理指数，是用于衡量经济运行情况的评价指标。

② CPI，全称Consumer Price Index，意为居民消费价格指数，是度量一组代表性消费品及服务项目价格水平变动程度的相对数，用来反映城乡居民所消费商品及服务价格水平变动情况的宏观经济指标。CPI报告期为月度。

③ PPI，全称Producer Price Index，意为生产价格指数，是衡量工业企业产品出厂价格变动趋势和变动程度的指数，是反映某一时期生产领域价格变动情况的重要经济指标。

2. 数字化 AI 浪潮带来新变化

众所周知，流行语是时代语言的风向标。每年临近年末的时候，《咬文嚼字》杂志编辑部还会公布年度十大流行语。比如，2024 年的十大流行语分别为"数智化""智能向善""未来产业""city 不 city""硬控""水灵灵地×××""班味""松弛感""银发力量""小孩哥/小孩姐"。

这些流行语带给了我们一些不一样的思考。今天，我们正处在一个新的时代节点。ChatGPT 等 AI 大模型发展得如火如荼，AI 已成为时代的弄潮儿，每一个行业都可能会利用 AI 重构自己，重新定义每一个人。整个社会因为 AI 发生了翻天覆地的改变。AI 汽车、AI 电商、AI 制造、AI 服务、AI 视频……层出不穷。

AI 本质上是对人类智能的模拟甚至超越。只要模型够大，样本够多，AI 就可以变得更智能。ChatGPT 的出现实际上已经证明了这一点。目前，ChatGPT 的同类产品，如国内的通义千问、文小言（由文心一言升级而来）等，其参数均达到了千亿级别。大会带来涌现，带来质变。模型大到一定程度，AI 可能就会涌现出自我意识，甚至产生新的生命——硅基生命（本质上还是机器人）。

当然，硅基生命的出现只是对 AI 未来高度发展的一种推测。目前，AI 的应用场景主要集中在自动化流程、数据分析、客户服务与支持、语言翻译、市场营销等领域，AI 主要做的是帮助人类完成那些机械、重复性的劳动及人类自身所不能及的工作等。

AI 已来，AI 深入了很多应用场景，但在短时间内不会取代人类，这就是数字化 AI 浪潮为企业经营带来的新变化。

▪ ▪ ▪ ▪ 企业经营与企业家的思维认知密切相关

2023年,国内知名社区网站虎扑网做了一个给中国知名企业家评分的网络投票活动。该活动结果呈现两极分化的态势:同样是知名互联网企业的掌舵人,有人得分高达9.7,有人得分只有2.5。有意思的是,并非得分低的企业家,其旗下的企业经营状况就很差。

此刻,我们也许会有一个疑问:得分低的企业家跟不错的企业经营状况是如何实现共存的呢?其实不难理解。首先,评分、投票是非常主观的事情,跟参与者对企业家的认知程度及个人好恶密切相关。其次,也是最重要的一点,舟行万里,操之在舵。企业经营也是如此。企业经营状况如何跟企业家本身密切相关。平时,我们可能也会听到一些诸如某某知名企业家并非好脾气的人的话,那为什么还有那么多的人愿意追随他们，跟他们一起共事呢？很多时候，大家是为企业家独特的思维认知所吸引。

苹果公司创始人史蒂夫·乔布斯（Steve Jobs）认为，只有疯狂到认为自己可以改变世界的人，才能改变世界。他是这样认为的，也是这样践行的。当年的百事可乐总裁约翰·斯卡利（John Sculley）是一位举世闻名的商界精英，其出色的市场能力帮助百事可乐取得了出色的成绩。很多世界500强企业都想把他挖走。遗憾的是，他们都没有成功。乔布斯仅用一句话就让斯卡利心动了。乔布斯说："你是想一辈子卖糖水，还是跟着我们改变世界？"

百事可乐当然不是糖水，乔布斯也没有上来就向斯卡利许下高薪，斯卡利又是怎么被打动的呢？原来，乔布斯洞悉了斯卡利的"野心"：他并不甘心一直待在百事可乐这个"舒适区"里。苹果公司恰好可以帮斯卡利跳出"舒适区"，为他提供全新的用武之地。而且，改变世界这件事确实很酷。于是，斯卡利选择了苹果公司。

乔布斯独特的思维认知为苹果公司赢得了出色的市场人才。而这位人才也在自己任职期间，使得苹果公司的销售额从8亿美元增长到了80亿美元。

无独有偶，雷军也是一位以独特的思维认知为企业经营助力的高手。他以服务广大用户为底色，创造性地提出了"专注、极致、口碑、快"经营七字诀。正是在这一理念的指导下，小米公司不仅为广大"米粉"提供了深受他们喜爱的产品，还获得了喜人的业绩，并于2018年上市，2019年迈入了世界500强企业的行列。

企业家的独特思维对于企业经营的加持无须再赘述。如今，随着数字化 AI 浪潮汹涌而至，企业面临着诸多新变化与新考验。这时，企业家需要充分认识当今时代的特质，不断更新、提升自己的思维，真正去理解和吸收数字化 AI 浪潮带来的能量。

▨▨▨▨ 大思维是企业应对不确定性的必选项

众所周知，不同的人有着不同的认知。基于不同的认知、理解及应用场景，我把思维形态分为小思维、大思维、X 思维三类（如图 1-1）。

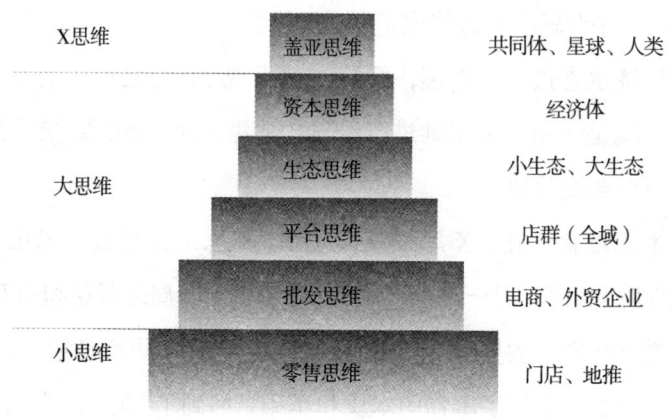

图 1-1　数字化时代的三类思维

小思维是一种局部思维。使用小思维做决定，通常基于某个点、某条线或某个狭窄的思考构成。相对而言，传统企业经营偏向使用小思维。20世纪八九十年代，中国传统企业基本上就是靠门店、地推的零售思维来驱动企业发展的。这种思维就是典型的小思维。

相比小思维，大思维更加开放和包容，更加关注整体，更加重视长期主义。到了2003年，中国电商真正迎来了发展，批发思维开启。从此，中国企业经营进入了应用大思维的阶段。批发思维恰恰是入门阶段的大思维。批发思维促进了电商、外贸企业的快速发展。与此同时，电商的发展也为门店带来了挑战。为什么会出现这样的情况？因为电商和门店获取流量的级别是不一样的。批发思维获取流量的能力，比零售思维获取流量的能力更强大一些。

随着经济的进一步发展，电商由单店发展到店群，甚至发展到了全域。这时，批发思维也进化成了平台思维。

当店群不能满足电商发展的需求时，生态就出现了。无论是小生态，还是大生态，生态都是跨越价值链来实现共创共享的经济形态。与之相应，平台思维就进化成了生态思维。

当经济生态进一步发展，经济体就出现了。与之相应的是资本思维。阿里就是运用资本思维进行经营的典型企业。同时，资本思维也是大思维的最高阶段。

资本思维再进化，X思维就出现了。X思维又叫盖亚思维、星球思维、造物主思维，是一种上帝视角，能够看到全局的联结和相互作用，超越了道德和现象的界限。从某种程度上来讲，X思维是第一性思维，属于返璞归真，看到了事物的本质和基础，回到了"道生一"的境界。

从小思维到大思维，再到X思维，这一过程体现了从局部到全局、从表面到本质的认知升级和思维转变。那么，我们要使用哪种思维来经营企业和个人呢？

长江商学院创始人项兵认为，国内有条件的企业和企业家应该"站在月球看地球"。"石油大王"约翰·洛克菲勒（John Rockefeller）也说："财富是对认知的补偿，而不是对勤奋的奖赏。"不断提高认知的维度，站在更高的位置看待变化，看到更远的地方，看到一个整体，为在这个充满不确定性时代的我们增加了筹码。这意味着，大思维为企业和个人提供了应对不确定性的有效工具。

不确定性是把双刃剑，一方面意味着更大的风险，另一方面意味着更多的变化和机会。毫无疑问，我们生活在一个大机会层出不穷的时代。仅就中国而言，在1977年以来的近半个世纪里，就出现了七次大机会（如图1-2）。

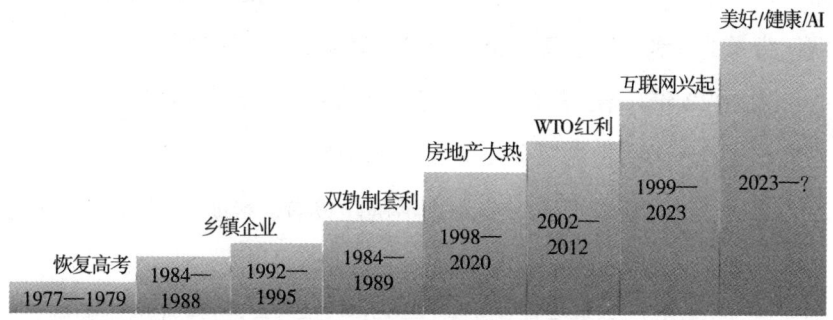

图1-2 中国近半个世纪来的七次大机会

第一次大机会出现在1977—1979年。1977年，中国恢复了高考。1977—1979年这三年，近百万人通过这样一个历史机会改变了人生，成了新时期经济建设的第一批中坚力量。

第二次大机会出现在1984—1988年和1992—1995年。这一时期，乡镇企业蓬勃兴起，体制内人员中间兴起下海经商的浪潮，成就了改革开放后的第一代企业家。

第三次大机会出现在1984—1989年。这一时期，国内实行价格双轨制。一部分人通过价格双轨制赚取价差，获得了一定的财富。

第四次大机会出现在1998—2020年。这一时期，房地产大热。相当一部分人通过租售地产，获得了大量财富，完成了资本的原始积累。

第五次大机会出现在2002—2012年。这次大机会是中国加入WTO成就的。这一时期，一些外贸企业、能源型企业凭借WTO带来的红利赚得盆满钵满。

第六次大机会出现在1999—2023年。这次大机会是互联网兴起带来的。这一时期，软件公司、电商企业迅速崛起，直播带货更是互联网带来的红利，很多新兴企业家借互联网的东风涌现。

从2023年开始，时代开启了第七次大机会。因为尚在初期，后续发展比较难预测，但有三个关键点已经很明显了。

第一，我们要敢于成为美好生活的建设者，帮助大家实现美好生活的升级。

第二，未来是一个健康的时代。这里的"健康"包括动植物的健康、人类的健康、企业的健康、社会文化的健康等。也就是说，这种大健康的概念不仅仅局限于人类。

第三，大机会来自AI。

国内一些在行业内处于领先地位的企业已经在思考如何用AI去重新定义企业的发展了。2023年9月，用户为本、AI驱动成了阿里的两大战略重心。阿里将在此基础上对技术驱动的互联网平台业务、AI驱动的科技业务、全球化的商业网络三类业务加大投入。

用AI去重新定义企业不仅是阿里等行业头部企业思考的问题，更是所有企业都要面对的问题。如果有所懈怠，未来可能就没有自己的位置了。这就要求我们必须抓住机会，及时躬身入局，成为建设者和创造者，成为其中的弄潮儿。值得注意的是，在躬身入局前，我们要留意与以往不同的新情况。

此前，企业经营依靠的是小组织，小组织是以企业的边界作为构建单位的，我们通过外包、分包等灵活用工的方式，使得组织内部人员和组织外部人员形成组织效应。现在，企业经营依靠的是正在形成的大组织，大组织是以全社会作为构建单位的。未来，企业经营依靠的可能是碳基生命和硅基生命的共同体，很多员工可能都是机器人。

此前，企业里几乎都是全职业务员。企业需要给他们发放工资和一定比例的提成（或分红），还要为他们缴纳五险一金。现在，企业里出现了大量的合伙业务员。他们往往和企业保持着一种松散的合作关系，只收取一定比例的提成。有时，合伙业务员可以创造出比全职业务员更高的价值。

....

当然，以上只是新情况的一些缩影。我们要抓住本次大机会，就不能忽视这些新情况，不能忽视这些新情况带来的问题和考验，并要思考解决的方法。那么，我们该从哪里入手呢？俗话说："不谋万世者，不足谋一时；不谋全局者，不足谋一域。"意思是说，不能从长远的角度看问题，就很容易在短期内做出错的决策；不能从整体上理解问题，就很难在局部有大的成就。

解决简单的问题可以用小思维、单点思维或者线性思维。但是，解决复杂的问题一定要用大思维，大思维是应对不确定的世界唯一有效的办法。所谓高手，就是那些能用大思维破局、解决复杂问题的人。

■ ■ ■ ■ **大思维是企业走向卓越的好帮手**

1. 追求卓越,建立一家伟大的公司

建立一家伟大的公司是广大企业家的核心诉求。在中国,很多企业家把这一诉求具象化为上市。虽然能否上市并非衡量企业卓越与否的唯一标准,但确实也属于重要标准之一。我就一直倡导,经营企业一定要敢于把上市作为一个目标。

那么,中国上市公司的情况如何呢?《中国上市公司2023年发展统计报告》显示,截至2023年底,中国境内上市公司数量达到5346家。其中板块分布显示,沪市主板、科创板、深市主板和创业板的上市公司数量分别为1697家、566家、1511家和1333家。[①] 由此可见，中国公司境内上市的板块主要包括主板、科创板、创业板三类。一家企业要在这三个板块上市的难度有多大呢？下面我们一起来看一看在三个板块上市的主要条件（以下均以境内公司为例）。

先来看主板。

境内发行人申请上市，市值及财务指标应当至少符合下列标准中的一项：

（一）最近三年净利润均为正，且最近三年净利润累计不低于2亿元，最近一年净利润不低于1亿元，最近三年经营活动产生的现金流量净额累计不低于2亿元或营业收入累计不低于15亿元；

（二）预计市值不低于50亿元，且最近一年净利润为正，最近一年营业收入不低于6亿元，最近三年经营活动产生的现金流量净额累计不低于2.5亿元；

（三）预计市值不低于100亿元，且最近一年净利润为正，最近一年营业收入不低于10亿元。

发行人具有表决权差异安排的，市值及财务指标应当至少符合下列标准中的一项：

（一）预计市值不低于200亿元，且最近一年净利润为正；

（二）预计市值不低于100亿元，且最近一年净利润为正，最近一年营业收入不低于10亿元。

再来看科创板。

发行人申请上市，市值及财务指标应当至少符合下列标准中的

[①] 中国境内上市的公司还包括在北交所上市的公司。截至2023年底，北交所的上市公司达到239家。目前，北交所并不计入任何板块。

一项：

（一）预计市值不低于人民币 10 亿元，最近两年净利润均为正且累计净利润不低于人民币 5000 万元，或者预计市值不低于人民币 10 亿元，最近一年净利润为正且营业收入不低于人民币 1 亿元；

（二）预计市值不低于人民币 15 亿元，最近一年营业收入不低于人民币 2 亿元，且最近三年累计研发投入占最近三年累计营业收入的比例不低于 15%；

（三）预计市值不低于人民币 20 亿元，最近一年营业收入不低于人民币 3 亿元，且最近三年经营活动产生的现金流量净额累计不低于人民币 1 亿元；

（四）预计市值不低于人民币 30 亿元，且最近一年营业收入不低于人民币 3 亿元；

（五）预计市值不低于人民币 40 亿元，主要业务或产品需经国家有关部门批准，市场空间大，目前已取得阶段性成果。医药行业企业需至少有一项核心产品获准开展二期临床试验，其他符合科创板定位的企业需具备明显的技术优势并满足相应条件。

发行人具有表决权差异安排的，市值及财务指标应当至少符合下列标准中的一项：

（一）预计市值不低于人民币 100 亿元；

（二）预计市值不低于人民币 50 亿元，且最近一年营业收入不低于人民币 5 亿元。

最后来看创业板。

发行人为境内企业且不存在表决权差异安排的，市值及财务指标应当至少符合下列标准中的一项：

（一）最近两年净利润均为正，累计净利润不低于1亿元，且最近一年净利润不低于6000万元；

（二）预计市值不低于15亿元，最近一年净利润为正且营业收入不低于4亿元；

（三）预计市值不低于50亿元，且最近一年营业收入不低于3亿元。

发行人具有表决权差异安排的，市值及财务指标应当至少符合下列标准中的一项：

（一）预计市值不低于100亿元；

（二）预计市值不低于50亿元，且最近一年营业收入不低于5亿元。

以上这些是国内企业在境内上市的财务条件，属于上市的基础条件、硬件。满足了财务条件，再按照上市的其他条件整理材料并做到规范管理，以达到上市的全部条件，就能推动企业上市。成为一家公开市场开放的公司，不仅更有利于彰显自己的强者地位，还会让企业的品牌溢价、对人才的吸引、对未来的传承达到更高的维度。

追求卓越，建立一家伟大的公司，或者说，把企业做大做强，是广大企业家念念不忘的理想。要让理想走进现实，就需要我们延伸出大思维，推动企业上市。

2. 追求卓越，离不开20英里[①]法则

从美国西海岸的圣地亚哥到东北部缅因州的距离大约是3000英

---

① 1英里约合1.61公里。

里，这几乎是美国大陆上的最长距离。此外，途经地区地貌十分复杂，天气变化十分剧烈。一个人如果要徒步完成这段旅程，需要多长时间呢？每天走多远才是一个合适的速度呢？答案是每天走20英里，大约用5个月的时间可到达终点。

当然，我们可以有多种选择。每天走20英里只是其中一种。开始每天走40英里，遇到坏天气就休息，天气好了再把前面落下的里程补上，也是一种方式。这种方式是不是会比每天走20英里更快一些呢？

管理学家吉姆·柯林斯（Jim Collins）和他的合作者对此进行了实验，结果显示：每天走20英里的方式更胜一筹。这是什么原因呢？每天走20英里，是大部分普通人可以承受的徒步行进标准。使用这种方式徒步行进的人，无论天气好坏，都不被外界的一切干扰和诱惑，总是能保持良好的自律，有明确的规划和严格的执行。这样一来，徒步者的进度和结果都是可控的，他最终能顺利走完全程，抵达目的地。

反观另一种方式，徒步者不仅容易受天气的干扰，无法坚定地执行原有的计划，还容易由于急于求成在后面的旅途中渐渐松懈，丧失斗志（毕竟，每天走40英里已经接近一个没有受过任何专业训练的人能够到达的极限）。

这就是管理学界非常有名的"20英里法则"——要做成一件事，只要有正确的规划，强大的执行力，极度自律，不被外界种种不确定的因素干扰，就没有完不成的任务。它与《孙子兵法》中"日行三十里"的原则不谋而合。对于企业家来说，当你定下一个宏伟目标的时候，必须要有一个长期坚持的、雷打不动的"日行三十里"标准，这就是企业的绝招。

3. 追求卓越，需要真正的战略性思维

如何才能成为一家卓越的企业呢？吉姆·柯林斯在《选择卓越》一书中给出了答案。在书中，柯林斯把卓越的企业称为"10倍速公司"，把卓越企业的领导者称为"10倍速领导者"。在柯林斯看来，10倍速领导者要充分发挥作用，创造一家10倍速公司，离不开严明的纪律、基于实证主义的创造性、具建设性的焦虑和第五级雄心。

其中，严明的纪律确保10倍速公司在正常轨道上运转，基于实证主义的创造性确保它们充满生机和活力，具建设性的焦虑确保它们继续生存下去，而第五级雄心则提供了启迪性的动力。

前文提及的"20英里法则""日行三十里"就属于严明的纪律的范畴，"建立一家伟大的公司"则属于第五级雄心。第五级雄心与第五级领导者是相对应的，都有着卓越的基因。企业家要有"要做就要做第一"的斗志，要有建立一家伟大公司的雄心，这才是真正的战略性思维，才是真正的强者意识。强者意识是不甘人后的意识，是一种规模碾压的意识，是充满巨大能量的决断，是大思维的重要组成部分。有了大思维的指导，有了真正的战略性思维的加持，企业走向卓越的路会更加平坦。

企业经营需要养成的三种大思维

养成大思维对企业经营至关重要。具体来说,大思维主要包括以下三种。

1. 大思维一:拥有强者意识,实现规模碾压

1.1 企业抵抗衰落,需要找到自己的优势

就像草木有荣枯,企业也会有辉煌,有衰落。吉姆·柯林斯在《再造卓越》一书中提及,企业衰落要经历五个阶段(如图1-3):第一阶段,狂妄自大;第二阶段,盲目扩张;第三阶段,漠视危机;第四阶段,寻找救命稻草;第五阶段,被遗忘或者濒临灭亡。

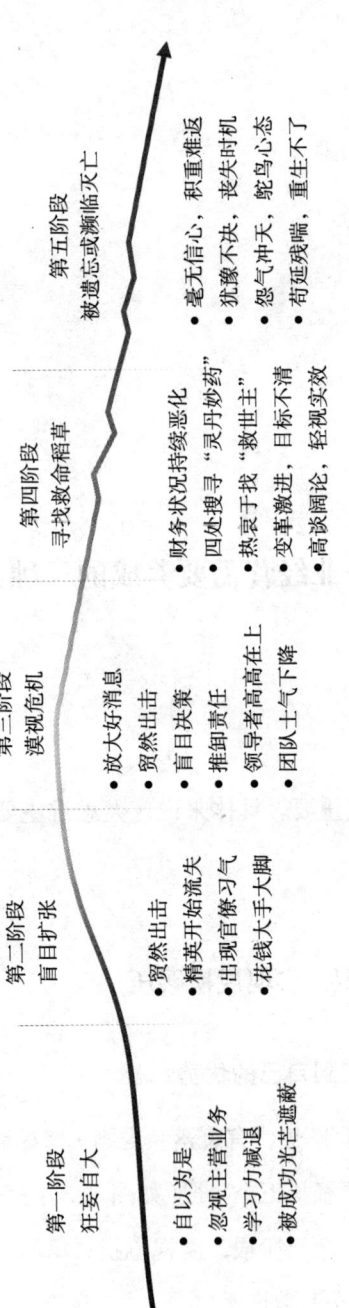

图 1-3 企业衰落的五个阶段

一个人生了病，早期症状不明显，不容易被发现，但很容易治疗；一旦到了末期，症状会变得明显，容易被发现，但不容易根治。企业衰落跟人患病类似。很多企业一开始并没有意识到自己开始走下坡路了，以为自己还是坚不可摧的，还在享受高光时刻，但不久之后，它们的处境就急转直下，自己也直落深渊，陷入至暗时刻了。

作为企业家，防止自己的企业步入衰落是我们义不容辞的责任。那么，我们该如何才能抵抗企业的衰落？投资大师查理·芒格（Charlie Munger）早就给出了答案——"战略是找到你最有优势的点，在你最有优势的这个点，走到近乎荒谬的极端"。

1.2　高度明晰自己的优势是强者意识的重要特征

强者是高度自信的人，拥有强者意识的人高度明晰自己的优势在哪里。很多人自卑，不自信，茫然、徘徊、犹豫，大概率是因为他们忘记了自己的优势。明晰自己的优势真的有这么神奇吗？

有"21世纪的彼得·德鲁克（Peter Drucker）"之称的马尔科姆·格拉德威尔（Malcolm Gladwell）在《异类：不一样的成功启示录》一书中给出了答案。该书提到了大家熟知的"10000小时定律"。格拉德威尔认为，没有与生俱来的天才，一个人投入10000小时对某一特定项目进行长期刻苦的训练，完全可以取得伟大的成就。也就是说，异类的形成，从本质上来说，是优势积累模式的结果；不是对普通动作的积累，而是在一个人优势的部分进行10000小时的积累。

明晰自己的优势，对个人很重要，对企业同样重要。对于企业家来说，好战略是基于优势的发挥，是发现优势、发挥优势、放大优势的过程；从来不是拿着自家企业的短板和劣势，跟别人对战，给别人服务。为此，企业家需要扪心自问，自家企业的优势在哪里，自家企业真正能做好什么。这样，企业家才能发现自家企业的优势，发挥自己的才干，在此基础上制定出的战略才是好战略。

光华 EMBA 学员赵总是上海寓川电子商务（以下简称"寓川电商"）的董事长。他说："我做电商十几年了，我清楚并确定自己（自家企业）的优势是什么，无非就是开发新品、选品、控品，这些都是做好电商最重要的方面。但这些年流量都在头部主播身上，而且达播（即达人直播带货）的转化效率又高，那我就拿我的优势跟他们的优势结合起来。"2023 年，寓川电商取得了不错的成绩，赵总将自家优势跟主播的优势联合起来，成立的几家直播带货的运营公司立了大功。

1.3 拥有强者意识，少不了规模支撑

拥有强者意识，除了需要高度明晰自己的优势，还少不了规模支撑，因为规模本身就是一种竞争力。提到规模，管理学家们经常提及的澳大利亚啤酒市场的竞争格局的例子非常具有代表性。据说，澳大利亚总共有 1534 家啤酒厂，其中最厉害的 4 家占了 86% 的市场份额，紧跟其后的 10 家占了 10% 的市场份额，其他 1520 家总共只有 4% 的市场份额。

今天，一家企业如果想要成为头部企业，成为行业的强者，就必须在规模上达到一定的程度，成为例子中那 4 家啤酒厂之一。如果陷入了像 1520 家啤酒厂混战那样的旋涡，就可能连生存都很难，更不用说选择如何活下去，这是非常真实、生动的选择和挑战。

为什么企业一定要做大？国内白色家电目前的市场格局就很能说明问题。美的、格力、海尔三家大型企业占据了白色家电市场 7 成以上

的份额。光就 2024 年上半年的数据来看，这三家更是为白色家电行业贡献了 84.17% 的营业收入和 95.73% 的净利润。该行业其他企业占据的份额就比较小了。对于它们来说，这几家大型企业的规模是它们难以逾越的高山。

在一个行业内，位置决定了企业的强弱，决定了企业竞争力的高低。企业如果不能进入行业的领袖阵营，就意味着基本赚不到利润。企业如果做不大，很多时候在行业内就只是活着，不一定有收益。

此前，《财富》杂志对财富 500 强排行榜 55 年的数据研究也证实了这一点。研究发现，占总数不到 10% 的领袖阵营企业的销售额是全行业的 40%，利润和净利润则达到了全行业的 68% 和 72% 左右，而占整个行业 70% 左右的小企业只能分享不到 5% 的净利润。规模碾压是一种竞争力，是强者意识的重要表现。

因此，如何让自家企业成为行业内数一数二的企业，如何让自家企业在细分领域能够脱颖而出，是每一位企业家必须认真思考的问题，也是必须要突破的方向。在这个过程中，企业还需要警惕"小而美"的尴尬和"大而不久"的现象。

华为创始人任正非认为，没有规模，难以对付未来的低成本竞争。而没有大的市场规模是不可能有低成本的，但竞争一定会出现低成本阶段。小企业确实有"船小好调头"、创意强的优点，但如果跟同行业的大企业竞争，在成本、话语权等方面天然就有劣势，很容易败下阵来。"小而美"真正的内涵是在一个行业里，专注于某个细分领域，做深做透。它在客观上属于企业发展的一种过渡状态。随着外部环境的变化和行业形势的发展，企业终究要做出自己的选择。做企业只有一条"不归路"，那就是越来越大、越来越强的路。

当然，我们要小心，不要为大而大，"大而不久"的企业也很糟糕。一个庞然大物的倒下，会引起一系列的连锁反应，遭受损失的不仅仅是老板和员工。"大而强"的企业才是我们要追求的目标。

2. 大思维二：进行系统思考，学会看见整体

我们要学会看见整体，界定问题，然后做结构化分析，提出假设，验证假设，解决问题。

2.1 企业唯一的使命是不断创造顾客

管理者进入企业的目的究竟是什么？有人说，是实现管理者个人职业目标；有人说，是参与企业战略规划与执行；有人说，是建立和维护良好的团队关系；有人说，是应对挑战和解决问题……这些答案都有一定的道理。遗憾的是，现实中有个情况令人无法忽视，那就是管理者越勤于管理，这家企业就越容易官僚化。这是因为，管理者的这一动作往往会令企业错失外界的利润性。

众所周知，企业内部就是一个成本中心，企业的利润从来不在企业内部，企业外部才是利润中心。所以，从内部出发，通过管理的手段来创造利润的说法，是错误的。德鲁克等管理学家都对该说法进行了严肃的批评。在德鲁克看来，企业存在的唯一目的就是不停地创造顾客（或译为"客户"）。企业的成功和利润来自满足顾客的需求和创造顾客价值。也就是说，顾客是企业利润的唯一来源。这也充分证明了，企业的利润是从外部获取的。

由此，我们需要明白：管理者进入企业，有比做管理更崇高的使命

和追求——创造顾客,创造价值和利润,也就是说,依然是做经营、做业务优先,而不是做管理优先。在这个维度上,管理者更应该被叫作经营者,而不应该被叫作管理者。管理者一味做管理,或者做管理优先,就掉进了管理的陷阱,这是我们进行结构化分析非常重要的缘由。

既然对管理者来说,创造顾客,创造价值和利润属于优先级工作,那么利润究竟是什么呢?早在几十年前,主流管理学家就已经得出了结论——利润是客户(在这里,"顾客"和"客户"是同义的)对企业的一种奖励。

一家企业不挣钱,可能并非因为员工不勤奋,老板不拼命,企业内部流程不顺畅,而是因为客户不满意。客户对企业的奖励主要表现为两个部分:一是客户能接受这家企业越来越高的产品价格;二是,因为满意,客户会给这家企业介绍越来越多的客户。

近年来,企业面临最大的挑战就是"卷"。据国家统计局、交通运输部等提供的相关数据,2013 年,我国的餐饮企业有将近 300 万家;到了 2024 年 3 月底,餐饮企业总数超过了 1500 万家。2020 年,我国网约车司机的数量是 289.1 万;到了 2024 年 3 月底,网约车司机的数量变成了 679.1 万……

那么,大家"卷"的结果如何呢?有没有获得更多的客户,获得更多的利润呢?仍以上述平台的数据为准,2024 年上半年,北京限额以上餐饮企业(限额以上的企业即年主营业务收入 200 万元及以上的企业)营收为 492.1 亿元,同比下降 2.9%。利润总额为 1.8 亿元,同比暴跌 88.8%,利润率低至 0.37%。同样是 2024 年上半年,限额以上住宿和餐饮企业营收 752.88 亿元,同比下降 2.6%,营业利润为 -7.7 亿元……

面对这种"卷"的现状,大家一定要小心。企业要打赢两场战役,外部的商战跟内部的熵战,才能真正做到天下无敌。做企业不容易就在于此。不过,真正会做企业的人还是有窍门的。以线下零售为例。企业要想做好线下零售,必须在三个命门上下功夫。

第一,折扣。

要做线下零售,必须做高利润率。折扣代表着商品必须有基于高质量带来的高价格、高利润率,否则不可能有折扣。比如,盒马在做线下零售时实现了"753价格体系",即盒马的KA(Key Account,关键客户)商品折扣为7折,自有品牌折扣为5折,临期商品折扣为3折。

第二,自有品牌。

自有品牌能给企业带来的好处多多,其中最让企业心动的就是更多的利润和更强的顾客忠诚度。此前,名创优品以渠道品牌为众人所熟知。然而,随着数字化时代的来临,传统代理商面临着要么被淘汰要么转型升级的命运。对此,名创优品果断开启了自有品牌的策略。截至目前,自有品牌的商品已经占据名创优品全部商品90%以上的份额。这一策略为名创优品带来了亮眼的成绩单——财报显示,名创优品2024年上半年营收为77.59亿元(约10.68亿美元),较上年同期增长25%;2024年上半年经营利润为14.95亿元(约2.06亿美元),同比增长18.1%;期内利润为12.42亿元(约1.71亿美元),较上年同期增长17.8%。从数据上来看,名创优品已经走向了更好的局面。

第三,高端会员。

采取高端会员制,可以帮助企业有效地提升品牌影响力,增加企业盈利能力,促进精准营销,提高顾客忠诚度和重复购买率。正是180万高端会员,托起了燕之屋的上市之路。

与以线下零售为主的企业不同,对于采取全域营销模式的露露乐蒙来说,产品教育家在其经营过程中起到了非常关键的作用。他们很清楚,顾客第一是目标和方向,员工第一是思考路径和方法。只有目标和方向是不够的,找到路径和方法才会达成和实现自己想要的目标。优秀的员工是实现顾客第一、将企业从平庸提升到伟大的根本和关键。产品教育家就是该企业优秀员工的代表。

产品教育家在线上或线下的社群活动中扮演着重要角色。露露乐蒙在招聘广告中详细介绍了该角色的主要职能——"产品教育家的主要职责是高效地向客人宣介,让客人了解我们产品的面料、特点、版型和功能,以及我们的文化和我们所属的社区。我们的目标是让客人在离开我们的门店时能学到一些东西,而不是购买一些东西。通过向客人宣介,我们让客人有能力根据我们提供的事实为自己做出决定。这样顾客购物时不再靠猜想,从而打造出'哇!就是这里!'的效果。客人体验打造完成后,顾客会带着所学知识,代表露露乐蒙公司去向他人宣介。真诚可信的对话是提供出色客人体验的关键,将您自身对露露乐蒙产品的体验转述给客人。产品教育家是我们公司最为重要的角色,我们依靠产品教育家向社区真诚地分享我们的文化和品牌"。

进入露露乐蒙的顾客会在产品教育家的带领下获得满意的体验,进而愿意为此埋单,甚至成为露露乐蒙的品牌宣传大使。顾客的支持为露露乐蒙带来了亮眼的成绩单——2024财年第二季度(截至7月28日),报告期内,露露乐蒙实现营业收入24亿美元,同比增长7%;净利润3.93亿美元,同比增长15%。

凡事必有窍门。对于企业来说,找对一个点、一个窍门,常常能打开一个局面。为什么有些企业挣钱比较轻松?因为它们掌握了某个不断创造客户的窍门。而那些觉得挣钱比较累、比较艰难的企业还在寻找窍门的路上。

2.2 企业经营离不开系统思考

如今，互联网在人们的工作和生活中占据着越来越重要的位置，也在无形中影响着人们的方方面面。

比如，一个人喜欢看直播。某天，他在直播中看到有个人在挖黄鳝。挖黄鳝的人早中晚各做一次直播，直播的内容是自己一边挖黄鳝，一边讲解挖黄鳝的秘诀。看直播的人和做直播的人都很兴奋，前者觉得自己学到了知识，后者获得了不少礼物和卖黄鳝及相关物品的收入。

这个挖黄鳝的直播场景，可能是真实的日常，也可能是做直播的人按照剧本演出来的情景剧，让我们很难判断。

互联网的世界错综复杂，有时表现为大量的剧本杀，让徜徉其中的人无处可逃，有时还会陷入毛毛虫效应带来的困境。毛毛虫效应，最早是由生物学家法布尔（Fabre）提出来的。法布尔做过一个实验：把许多毛毛虫放在一个花盆旁边，使它们首尾相连，围成一个圆圈，并在花盆旁边撒了一些毛毛虫喜欢吃的松叶。毛毛虫为了吃到松叶开始爬动，并且不断转圈……就这样，七天七夜后，毛毛虫因为饥饿和精疲力尽相继死去。后来，科学家把这种喜欢跟着前面的路线走的习惯称为"跟随者"习惯，把因跟随而导致失败的现象称为"毛毛虫效应"。

毛毛虫效应在本质上反映了一种从众心理，常表现为埋头拉车、盲目相信、墨守成规的状态。不少企业的老员工也深受毛毛虫效应影响，盲目相信，墨守成规，很难跳出"舒适区"，缺乏创新和冒险精神。

有人认为，乱七八糟的生机勃勃远远好过井井有条的一潭死水。从这个角度来看，确实有一定的道理，井井有条并不一定是个好现象。最起码，这种乱七八糟本质上是进行了思考的。不过，对于企业来说，光进行思考还是不够的，要不断创造顾客，系统思考才是王道。

需要注意的是，进行系统思考并非一件容易的事。因为每个人都有爱好，都有自我偏向。而今天又是一个算法的时代，算法推荐会让平台只给你推送你喜欢的，把你不喜欢、不认同的全部过滤。这样一来，你的偏好就会被不断加强、不断固化，整个人就像进入了茧房一样。这就是互联网带来的信息茧房效应。

不少有识之士已经意识到了信息茧房的危害。在他们看来，我们一定要小心信息茧房，它很容易让人陷入过度沉迷的状态，以致失去独立判断和多元思考的能力。某家信息服务平台以"看见更大的世界"作为自己的slogan（口号），现实情况却是我们很难看见更大的世界了。算法让我们越来越作茧自缚，算法让我们越来越自以为是，算法正在控制我们的喜怒哀乐，算法甚至正在驯化人类……这也是新一代信息革命带给我们的压力。

企业要在这样的环境中突围，不断创造顾客，就要勇敢地跳出信息茧房，构建和拓展系统思考的能力。这样，才能看见整体，杜绝"只见树木不见森林"的危机。

2.3 看见整体，企业家才能做出对的决定

做出对的决定就是要超越对错，走向利弊。举个例子。某公司早上8点半上班，老板8点半准时在公司门口查考勤，发现员工迟到就罚款，他这样做是对还是错？老板有权做这件事情，但是他不能做，因

为这样做弊大于利。一旦做了，就容易引发员工的反感，影响员工的工作积极性。比如，一名员工迟到15分钟，被罚了50元钱。该员工可能会想：我昨天晚上加班1个小时，你怎么没看见？

这就是小思维和大思维的选择，对错是小思维，利弊是大思维，员工满意度是小思维，员工敬业度是大思维。作为老板，作为企业家，不要做员工满意度这种小思维的事情，而要做员工敬业度这种大思维的事情。因为员工满意度是一个伪命题。举个例子。老板给一名员工一个月10万元的工资，该员工很满意。如果第二天知道旁边的同事每个月的工资是18万元，他很容易变得气急败坏，觉得老板偏心。而客户满意度、员工敬业度才是应该重点关注和做好的，二者一内一外，相得益彰。

在企业发展的过程中，我们总是会面临各种各样的选择。而这些选择的好坏必然会影响我们在下一个阶段执行的效果。这时，做出对的决定就显得尤其重要。这就需要我们少用一些小思维、局部思维，而要用动态的、宏观的、结构化的大思维来做决定。

比如，今天出现了A问题，我们不能"头痛医头，脚痛医脚"，只在A问题上进行界定，针对A问题去解决。现实情况往往需要我们在面对A问题时，还考量B、C、D这几个要素，做结构化分析。到最后，结论可能是我们要暂缓解决A问题。也就是说，我们要在一个更大的层面上去考虑问题，这样做出的决策才更容易正确。从一个狭窄的角度去考虑问题，决策往往更容易出错。系统思考一个非常重要的修炼，就是要看见整体。看到整体，我们才能做对的决定。IBM（International Business Machines Corporation，国际商业机器公司）原首席执行官（CEO）路易斯·郭士纳（Louis Gerstner）就是这样做的。

1 企业经营需要养成大思维

众所周知,郭士纳写过一本很经典的书——《谁说大象不能跳舞》。书中详细记录了他如何帮助 IBM 扭亏为盈的经历。高手就是能解决复杂问题、熟知事物窍门、理解内在规律的那些人。一些顶级的高手用第一性原理,一层一层剥开问题的表象,看到问题的本质。郭士纳就是通过结构化分析找到扭亏为盈要害的人。经过结构化分析后,1993年3月25日,郭士纳用45分钟与 IBM 的50个核心高管开了一个会,针对 IBM 当时的问题,阐述了5个90天的优先性任务。这5个任务具体如下。

第一,暂时冻结流动资金。

第二,确保 IBM 将在1994年实现赢利。

第三,开发和实施1993—1994年的关键客户战略。

第四,在第三季度开始的时候要完成精简裁员任务。

第五,开发一个中期商业战略。

正是这5个任务拯救了业绩持续下滑的 IBM。

我们在企业发展的过程中一定要思考企业究竟该如何做重大的决定。比如,某个项目直接收益1万元,直接损失2万元,间接收益3万元,间接损失5万元,结果是亏损3万元,做不做?很多人说不做,也有一些人说做,还有一些人会继续考量,因为还要考虑结构性的要素。

如果该项目局部收益 -3万元,局部损失4万元,整体收益5万元,整体损失8万元,结果是亏损10万元,做不做?很多人说做,也有一些人说不做,因为要素条件可能还不充分。

如果该项目短期收益为0,短期损失35万元,长期损失80万元,但是长期收益180万元,结果是赚65万元,做还是不做?从直接到局部,再到短期和长期的博弈,结构化分析的要领究竟在哪里?做还是不做？

我们再考虑，现在手头只有1万元，这个项目能挣钱，但是钱不够，做不做？如果现在手头有20万元，做不做？投入20万元，可以赚65万元，只是一种可能性，还有可能根本赚不了这么多，甚至会亏损。长期收益180万元，这个"长期"究竟"长"到什么程度？3年？5年？10年？20年？做还是不做？如果两年内就能赚65万元，做还是不做？当所有充分要素条件考虑完以后，我们很有可能最后发现这是一件不道德甚至违法的事情，做还是不做？

人在一生中会面临无数次做与不做的选择。而所有这些选择，背后都是需要看见整体涌现出来的结构性分析。需要注意的是，很多人都是只知其一，不知其二。我们要做出对的决定，就要看到整体，从多个角度来思考问题。古人讲，一生二，二生三，三生万物。一个人能看到多大，看到多远，决定了他的视野和格局。如果这个人是老板，是企业家，其决定就会直接影响企业的经营。那么，做一个决定，究竟应该怎么判断对错呢？

举个例子。员工A出差，成功为公司签下500万元的大单，晚上入住了客户推荐的酒店，住宿费500元/天。因本次出差属于短途，只住了一个晚上，回到公司后，A找财务部报销住宿费500元。财务部拒绝了A的报销申请，理由是住宿费超标了，按公司规定，住宿费是按照300元/天的标准报销的。A非常恼火，向公司提交了离职申请。

在这件事中，到底是谁做错了决定呢？是财务部、员工A、员工A的上司，还是公司？平心而论，报销住宿费只是一件小事，遗憾的是，很多时候企业就是因为这样的小细节最后导致了不可挽回的局面。这就提醒我们，千万不要拍脑袋做决定。

回到具体问题,究竟是谁做错了呢?

员工 A 错了没有呢?当然错了,因为他违反了公司的财务报销规定,300 元 / 天的住宿标准是公司明文规定的。既然报销标准是 300 元 / 天,员工 A 入住了 500 元 / 天的酒店,很显然是不符合公司相关规定的。签大单不能成为提高住宿标准的理由。更何况并非所有的签单都意味着利润。

财务部错了没有呢?我认为错了。财务部明明知道直接拒绝 A 的申请会引发他的负面情绪,却没有第一时间汇报。

A 的上司错了没有呢?我认为这个上司有很大的错。所有员工离职首先"炒"的是上司的"鱿鱼",A 的上司连本部门能签 500 万元大单的人都留不住。

公司有没有错呢?公司当然也错了。

大家都错了。需要注意的是,觉得公司错了的观点传递了一个危险的信号。公司和所有生物一样,是一个生命体,有自己的生长周期,但公司本身并不会做出决定,能够代替公司做出决定的是老板。因此,很多时候,说公司错了,实际上是说老板错了。

当我们做选择时,公司并不会列为被权衡的一方。公司是一个主体、一个组织,组织本身并不会犯错,但是组织中各种职级的人会犯错。觉得公司错了的,还是小思维在作祟。在大思维的框架内,公司是没有错的。要解决员工 A 的报销问题,就需要将其放在大思维的框架内,看见整体。这样,才能做出对的决定。

此外,企业在经营过程中还常常遇到如何在新业务和老业务之间做出选择的情况。如何才能确定新业务是不是该做呢?通常情况下,我们需要了解新业务和老业务之间的关系。如果二者无法形成相互促进、相互延展、相互强化的局面，新业务就不能做；如果二者是弱相关关系，新业务也不能做。只有二者存在强相关关系时，新业务才有做的可能。

要让可能的新业务落地，仅仅考虑新老业务之间的关系是不够的，我们还需要进行系统思考，从整体出发，即考虑企业本身。其中，有两组数据很重要。

第一组数据是成交单价和客单收入。

成交单价和客单收入越来越高，说明这是一家越来越优秀的企业。这是数据背后的系统分析，这是数据背后的结构化理解。

第二组数据是员工和管理人员的平均年龄和学历。

一家企业的员工和管理人员的平均年龄越高，意味着这家企业的冒险意识和创新意识越弱，企业的压力会随之变得越大，企业面临的危险系数也会变得越大。另一方面，一家企业的员工和管理人员的平均学历越高，对企业发展的积极作用就越大。而员工和管理人员的平均年龄和学历都会在人才指数中体现出来。

人才指数是一种用于衡量和评估人才状况、人才成长和发展趋势的指标体系。它通过量化分析人才的数量、质量、结构和流动等方面，为组织或国家提供关于人才发展的数据支持。人才指数可以帮助组织了解人才队伍的现状和趋势，为制定人才政策和管理策略提供依据。

人才指数并非越高越好，也并非越低越好。企业要落地新业务，会对人才指数的某几个指标或子指数有特定的要求。通常情况下，只要满足这些特定要求，新业务就会成功落地。

2.4　系统思考，成就值钱的企业

1960 年，营销学大师杰罗姆·麦卡锡（Jerome McCarthy）在《基

础营销》一书中把市场营销组合要素概括为四类：产品（product）、价格（price）、渠道（place）、促销（promotion）。这就是著名的4P营销组合，又被称为4P营销理论。

1967年，"现代营销学之父"菲利普·科特勒（Philip Kotler）将该理论收入了自己的著作《营销管理：分析、规划与控制》中，并在该书第一版进一步确认了以4P为核心的营销组合方法。在科特勒看来，"如果企业生产出适当的产品，定出适当的价格，利用适当的分销渠道，并辅之以适当的促销活动，那么该企业就会获得成功"。

产品、价格、渠道、促销是企业做业务的可控因素和核心着力点，以它们为核心提出的4P营销理论奠定了管理营销的基础理论框架，并开启了营销的1.0时代。直到今天，所有做营销业务的个人和企业都是遵循这一框架的。

此后，随着经济的进一步发展，企业的业务和营销也在不断升级。在科特勒看来，如今已经进入了营销5.0时代。这个时代的核心理念在于：科技与人性无缝衔接，实现全方位的战略整合。那么，科技与人性是怎样实现无缝衔接的呢？

比如，我们要在抖音上做营销，就需要对所有的目标客户和客户进行分析。分析结果显示，这些客户可以分成五个段位，我们分别用A1—A5来表示（如图1-4）。其中，A1代表看了，触达1次；A2代表又看了，触达多次；A3代表爱了，对商品有主动行为，可能点赞，或收藏，或转发；A4代表买了；A5代表又买了。

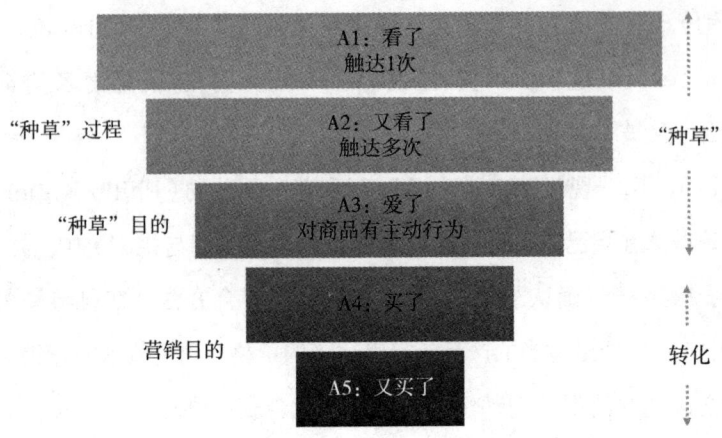

图1-4 抖音目标客户和客户的五个段位

这里的关键是什么呢？抖音官方表示，在这些客户中，最关键的是A3，在抖音里"种草"A3，才能让不确定的生意变得确定。据抖音官方提供的数据，A3带来了爆品的确定性：爆品与非爆品的GMV（销售额）差距是152倍，A3贡献了一半的生意，A3的客单价比A1的高1.7倍，A3的转化率是A1的36.5倍，是A2的5.7倍。这就需要企业锁定A3。这也是企业今天必须要去思考的，即在完成结构化分析后，要对所有人群（包括目标客户和客户）进行分类，并进行精准聚焦。

如何精准聚焦于A3这类客户呢？这里面有个窍门——AIDMA理论（消费理论模型）。该理论是美国广告学家E.S.刘易斯（E.S.Lewis）于1898年提出来的，描述了消费者从接触信息到最后采取购买行动的五个步骤（或者阶段），即吸引注意（attention）、引起兴趣（interest）、唤起欲望（desire）、留下记忆（memory）、采取购买行动（action）。

……

在整个营销和业务逻辑中,有了4P和5个步骤,企业就有了做业务的支撑,否则我们都不知道该怎么去做业务。业务失败属于一家企业根本性的失败,因为业务失败代表现金流枯竭。

要经营好一家企业,光积聚动能是不够的,还需要积聚势能。做一家有高度、有沉淀的企业,还需要做势能。是的,不仅仅是动能,还得有势能,有高度,有核心能力。那么,企业是如何积聚势能的呢?主要通过品牌力。

好产品+好运营就能做出好品牌吗?产品力+运营力是不是就能成就品牌力?不能,因为还少了一个"持续"。规模大,效益好,可持续,才能让大变成伟大。持续的好产品,持续的好运营,才能带来好品牌。产品力+运营力+持续力,才是真正的品牌力。有了品牌力,企业的热度和传播力就会大大增强,企业的势能也随之积聚。

值得注意的是,所有有势能的企业都是有底座的。这个底座是什么呢?这就涉及企业经营的方法论问题了,需要我们进行系统思考。众所周知,企业经营的本质是获取利润。从这一本质出发,企业可以分为三类:挣钱的企业、赚钱的企业和值钱的企业。其中,挣钱的企业要靠双手去挣,赚钱的企业要用钱和资源去兼容,值钱的企业则需要遵循商业的本质——以人为本。真正的好生意一定是垂直领域的,一直都能让企业有竞争力,甚至跟消费者的关系都是直截了当的。做一家值钱的企业,才是企业经营大思维真正的体现。

那么,如何才能做一家值钱的企业呢?老子、孙子两位先哲为我们提供了思路。老子的思路是"道、法、术、器、势"。道以明向,法以立本,术以立策,器以成事,势以立人,做好这五点,可成大业。孙子的思路则是"道、天、地、将、法"。放到企业中,道指大势所在,企业的愿景和追求；天就是天时；地就是地利；将就是核心管理团队；法就是组织管理流程。两位先哲均从五个方面入手进行了比较系统的思考。

企业经营要有章法，不过我们需要在底座的基础上才能推动企业在有章可循的场景中既有动能，又有势能，既能赚钱，又能值钱。企业的底座到底是什么呢？两位先哲为我们提供了思路，我们尽可以沿着先哲提供的思路继续走下去。在走下去的过程中，科学经营诞生了。它为企业经营提供了1个视角、2个飞轮、3个动作、4个角度、9个模块（后文有详解），有效解决了"道、法、术、器、势"的落地问题，推动企业实现了既有动能又有势能、既能赚钱又能值钱的可持续发展。它是企业经营发展中不可或缺的底座。

2.5 科学经营，推动企业经营的通盘考虑

科学经营，概括起来就是要做好8件事，其中横向3件——战略规划、战略解码、战略执行；纵向5件——调焦、松土、分解目标、拆解动作、对齐能力。横向3件事让战略跟执行保持一致性，纵向5件事让全员具备一贯性。一致性解决消耗问题，一贯性解决内耗问题。

企业的根本在于一致性。这种一致性要求结构环环锁定。优秀的战略是多个要素组成互为因果关系的闭环，再把这个闭环放到长长的、厚厚的、丝滑的坡上面，日复一日，日行三十里。对于企业来说，只有优秀的战略还不够，还需要对其进行解码，然后制定相应的执行流程。

通常情况下，企业会有3种流程：主流程、次流程、边流程。主流程驱动增长，次流程提高效率，边流程控制费用。现在，一些企业

因为面对的经济形势比较严峻,想要降本增效,事情本身无可非议,但其具体做法却让人不解。它们没有在主流程下功夫,却在大搞费用控制,这实在是主次不分。

众所周知,企业内部是成本中心,外部是利润中心,遇到问题,一味地节流很难改变现状,开源永远是第一位的。我们要始终不渝地把精力放在主流程上,比如始终不渝地坚持把业绩增长作为核心的根本,这才是最重要的结构,这才是窍门。

就像前文提到的业务员报销费用一样,为了超标的200元住宿费,一名优秀的业务员提交了离职申请。如果这家公司始终以主流程作为核心推动力,那公司员工身上焕发出来的责任意识就会不一样。所以,我们必须要系统思考,看到整体,用科学经营来推动企业的可持续发展。

比如,在人才建设模块,企业要成立决策委和班委。决策委是决策委员会,班委就是执行委员会。这两批人才分开,相辅相成,形成战略到执行的耦合,以推动人才体系的发展。

在人才体系结构上,要推动"四梁八柱"的人才工程建设。其中,"四梁"是指人力、财务、技术(研发)、供应(交付)等四类职能;"八柱"是指八大业务支柱支撑现有业绩和未来业绩的关键人员,比如谁能拿业绩,谁能回款,谁能服务客户,谁能撬开市场……"四梁八柱",决策委和班委,共同推动企业的健康发展。在著名导演史蒂文·斯皮尔伯格(Steven Spielberg)看来,导演90%的工作其实就是在选艺人,把选艺人这件事情做好了,导演90%的工作就做完了。企业经营也是如此,人对了,事就对了一大半。

当然,进行人才建设只是企业解决经营问题的一个方面。企业在具体运营中还会遇到许多问题，且小企业有小企业的问题，大企业有大企业的问题。像阿里这样的超级大企业也不能避免。不过，企业经营就是攻克一个又一个问题、达成一个又一个战略级目标的过程。我们一定要学会盘算，盘业务，盘人才，盘组织，盘资源，盘预算，事前算赢，事后分钱。《孙子兵法》有言："是故胜兵先胜而后求战，败兵先战而后求胜。"企业要打胜仗，不是打糊涂仗，必须要有窍门，先算而后赢，进行精细化运作。如今还在固守粗糙颗粒度经营状态的企业是没有未来的。

2.6 科学经营，推动企业实现"舍九取一，利出一孔"

提及企业文化对于企业战略执行的重要性，大家并不陌生。可如果问及所在企业是否进行了企业文化建设，选择的是哪一种企业文化，取舍的关键是什么，不少人就答不上来了。其实，很多时候，他们并非对企业文化不重视，而是不知道从哪里入手，于是便照猫画虎，乱做一气。要结束企业文化建设中的乱象，就要针对企业文化做好正本清源的工作。

1984年，企业文化建设大师埃德加·沙因（Edgar Schein）率先提出了"企业文化"的概念。在他看来，企业文化就是在一定的社会经济条件下通过社会实践所形成的，并为全体成员遵循的共同意识、价值观念、职业道德、行为规范和准则的总和。

随着对企业文化研究的进一步深入，1992年，罗伯特·奎恩（Robert Queen）和金·S.卡梅隆（Kim S. Cameron）两位教授在《诊断和改变企业文化：基于竞争价值理论模型》一书中提出了测量企业文化的标准——OCAI（Organizational Culture Assessment

Instrument,组织文化评价量表)。OCAI因其高效、准确的测量能力和广泛的应用范围,成了企业进行文化评估和改进的首选工具。

OCAI根据灵活性和自行决策、稳定性和控制、内部聚焦和一体化及外部聚焦与差异化几个维度对企业文化类型进行了塑造。据此,企业文化可分为创业文化、团队文化、层级文化、市场文化四类(如图1-5)。

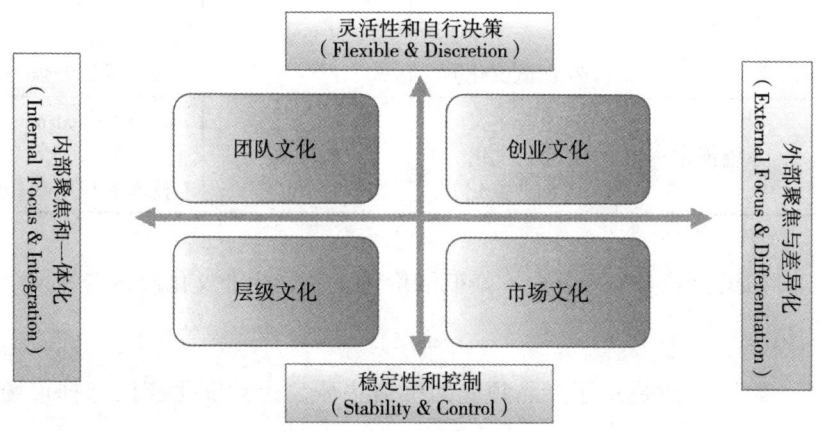

图1-5 组织文化评价量表(OCAI)

科学经营把企业文化又往前推进了一步,把企业文化和企业的价值主张关联起来(表1-1为价值主张对应的文化类型)。文化是为业务服务的,所以价值主张是基于业务的。价值主张不同,对应的企业文化自然不同。

表 1-1　价值主张对应的企业文化类型

价值主张	企业文化类型	核心特征	文化要点表述
总成本最低	成本主义 精算文化 （层级文化）	大财务	Control 务实 勤俭意识要浓
产品领先	产品主义 创造者文化 （市场文化）	大研发	Context 创新 迭代意识要快
客户解决方案	专业主义 专家文化 （团队文化）	大赋能	Coach 协同 服务意识要强
系统锁定	生态主义 平台文化 （创业文化）	大开放	Communication 数智 技术意识要新

如果企业是基于总成本最低的价值主张，企业文化应该选择层级文化；

如果企业是基于产品领先的价值主张，企业文化应该选择市场文化；

如果企业是基于客户解决方案的价值主张，企业文化就应该选择团队文化；

如果企业是基于系统锁定的价值主张，企业文化应该选择创业文化。

价值主张必须清晰，然后企业才能找到与价值主张对应的企业文化，选择文化打造的核心特征，进行文化要点的落地。

文化是看着很虚，做起来很实的东西。文化落地绝对不是靠脑子虚构出来的概念，企业文化落地绝对不是老板拍脑袋就能解决的事情。

企业文化建设和战略依然存在严格的一致性,这才是大思维。

至于企业文化具体怎么落地,科学经营提供了一套方法论——企业文化落地体系的"123456"。其中,1是指1个中心,即以Business视角下的业务为中心;2是指2个维度,即品牌文化(对外)、组织文化(对内);3是指3个体现,即奖励谁、处罚谁、晋升谁;4是指4个步骤,即文化的梳理与提炼、文化的形象与表现、文化的宣贯与考核、文化的持续与升华;5是指5个会议(仪式),即迎新会、文化节、企业日、年会、战役动员会(复盘会);6是指6个渗透,即学、练、考、评、赛、奖。

该方法论为企业文化的落地提供了结构性框架,为企业战略的执行提供了有力的保障。这就是科学经营的魅力所在。

当然,企业文化的落地只是战略执行的组成部分。除了战略执行,企业经营还需要做好战略规划、战略解码。未来,在企业经营的路上,会做战略不是可选项,而是必选项、基本功,是做好企业的前提条件。只有做好了战略,高管团队才能做到舍九取一(使命驱动),才能找到唯一的战略方向;中基层才能做到利出一孔(利益驱动)。管仲说:"利出一孔者,其国无敌;出二孔者,其兵不诎;出三孔者,不可以举兵;出四孔者,其国必亡。"能够实现"舍九取一,利出一孔"的企业是真正会做战略的企业。

3. 大思维三:坚持长期主义,顺利穿越周期

3.1 企业家需要成为长期主义者

2023年的中国企业领袖年会,主题为"致敬长期主义"。年会对"什

么是长期主义"进行了有力的诠释：

长期主义是韧性，压不垮，磨不断，经历苦难，打击后能快速复原；

长期主义是取舍，在精致的利己主义和博大的利他主义中，永远选择后者；

长期主义是勇气，在不确定性的巨大收益和确定性的微弱收益中，勇于追求前者；

长期主义是能力，需要扎实的战略管理组织基本功来落地；

长期主义是当下，今天所有点滴努力都是明天目标的一部分，但不能只看明天，却倒在黎明之前。

拥有长期主义精神的人（或者我们更愿意称他们为长期主义者）通常拥有三个重要特征：第一，基于承诺和坚持；第二，强烈的利他精神；第三，悖论整合的思维。

什么是悖论整合呢？比如，丰田一直强调继承与进化，这是一种悖论整合。再如，网飞的核心思想是自由与责任，也是一种悖论整合。从表面上看，"继承"跟"进化"，"自由"跟"责任"，是矛盾的，可在企业发展的路上，二者缺一不可。也就是说，悖论整合就需要既重视传统传承，又求新求变，在"不变"的根基上不断"求变"。这才是悖论整合的真意所在。很多人之所以选择简单，就是因为不愿意或不擅长解决复杂问题。所有的高手，所有的破局者，都是擅长解决复杂问题的人。擅长解决复杂问题的人通常也是能够进行悖论整合的人。

企业就是在量和质、营销和利润、长期和短期、内部和外部的长期博弈中成长与发展的。而拥有悖论整合思维的企业家能够带领企业最后选对路径。当然，这也只是优秀企业家应该具备的大思维之一。

曾子说："士不可以不弘毅，任重而道远。""弘"就是志向远大，

"毅"就是勇敢坚定。一个人志向远大且勇敢坚定，才能成为优秀的人。经营企业是勇敢者的游戏。面对越来越不确定的环境，面对下一轮三五年，甚至更长时间的巨大的经济震荡和修复期，怎么发展，怎么坚持，怎么来实现初心和定下的使命，这是现在企业家必须解决的问题。而成为长期主义者，为企业家提供了一种有效的解决方案。

3.2 伟大都是熬出来的

伟大都是熬出来的。成功的企业家往往都是长期主义者。

光华的学员吴总是采芝斋的操盘手，他说："外面大风大浪我不管，我只想着把基本功练扎实了，先活下去，做食品是千秋万代的事业。"从这样的表述中，我们不难触摸到他的那种长期主义基因——做食品，必须要有长期主义的基本概念，由不得一些短期功利主义。盲目地搞科技，搞"狠活"，到最后都会祸害自身。

2021年时，百度的市值只有阿里的1/16了，但百度创始人李彦宏满怀信心："我们有决心，有耐心，我们熬得过万丈孤独，藏得下星辰大海。"这也是长期主义。正是基于长期主义的信念，百度于2023年成功上线了文心一言（于2024年9月2日升级为"文小言"）。仅仅一年之后，文心一言的累计用户规模就达到了3亿，月活跃用户已经突破千万大关，累计调用量超过了20亿次，在多个维度领跑国内大模型。

2021年3月，小米创始人雷军宣布进军智能电动汽车业务。当时，国内的新能源汽车赛道已经有了蔚来、小鹏、理想等数家代表性企业。而且，2020年7月，前述三家企业的市值分别已经达到200亿美元、152亿美元、120亿美元。大家对于小米造车并不看好，但雷军没有被这些影响，他带领团队用三年时间把造车从目标变成了现实。2024年

3月，小米 SU7 上市。小米为什么会造车成功？我们可以从雷军 2024 年 7 月 19 日主题为"勇气"的年度报告里找到答案。

"汽车是百年赛道，只要真心想干，任何时候开始，都是最好的时机。"

"无论面对何等巨大的危机，都不能被吓倒，破釜沉舟的勇气，才是我们成功的关键。"

"一百份市场调研报告也替代不了和一个真实用户沟通的心声。"

"小米造车要尊重行业规律，守正出奇，要先守正再出奇，不要一上来就颠覆，一上来就掀桌子。"

"懂一行，爱一行，才能做好这一行。"

"三年下来，我大概试驾了 170 多辆车。笔记和资料，居然有 20 多万字。"

"小米汽车成功挤上牌桌，但我们的长征才刚刚开始。"

"勇气不是喊口号，而是每一步脚踏实地的行动。"

…………

从上述摘录中，我们不难看到坚持、利他、悖论整合的影子。这是长期主义最为真实的写照。

这个时代从来不会贬低投入者，但投入者必须面对"万丈孤独"。企业家一定要经得住很多人的不理解，既包括手下的高管，也包括自己的家人。在成为长期主义者的路上，每一个做老板的人都要学会自己熬过"万丈孤独"。

3.3　用自己的确定性去抵抗外界和未来的不确定性

经营企业不是一个人的"诗和远方"，而是一群人的"集体远征"。

所以，企业家要团结高管，团结内外伙伴，共同前进，相互奔赴，去实现共同的商业目标和践行新商业文明。需要注意的是，在这一过程中，企业家要不断前行，照亮和影响周围的人。

雷军给母校武汉大学捐款 13 亿元，用于支持数理化文史哲六大学科基础研究、计算机领域科技创新和大学生培养；他以永不服输的精神，押上自己所有声誉做小米汽车。

俞敏洪在"双减"政策之后，积极拓展新赛道，让新东方在直播赛道取得了出色的成绩。

············

就像丹柯一样，把自己的心脏掏出来，用它的燃烧照亮其他人前进的步伐，这就是企业家要做的最重要的事情之一。企业家自己拥有确定性，才可以抵抗外界和未来的不确定性，才可以更好地了解自己的优势在哪儿，窍门在哪儿，要害在哪儿，关键在哪儿，大思维在哪儿。也就是说，企业家是用自身的确定性去践行长期主义的。那么，企业家的确定性又从何而来呢？从众多企业家的人生导师王阳明身上，我们可以找到答案。

阳明哲学或王阳明心学，有"心即理"的世界观，有"知行合一"的人生观，有"致良知"的价值观，有"事上练，心上磨"的精进落地方法，有"我心光明"的得道体验。而所有这些的背后，是"志"在起作用。"志"是志气、意志、志向所在。一个"志"字，彰显了王阳明心学的核心。志向何在，意志何在，是王阳明一生开挂的关键。

就王阳明个人而言，他的人生志向是要成为一个圣人。王阳明被贬龙场，在那样一个困顿的时刻，问了自己一个问题——"圣人会怎么办？"因为王阳明立志要成为圣人，才有了龙场悟道。王阳明受命要去剿匪，弟子们劝他不要去，太危险了，利益纠葛太复杂了。王阳明就问自己"圣人会怎么办"。因为王阳明立志要成为圣人，才有了"一封书信平匪患"。王阳明没有一兵一卒，要去平定宁王叛乱，所有人都觉得不可能。王阳明又问自己"圣人会怎么办"，于是才有了"千兵平万军"。王阳明就是通过这样的"志"，生发出无穷的力量。

"志"就是王阳明确定性的来源。企业家要想穿越漫漫长夜，就要找到自己的"志"。这才是一切的根本。比如，对于某个老板来说，他的"志"，或者说大思维中的大思维，就是控制自己的情绪。作为一个老板，情绪能不能得到有效控制，无论是对于家庭，还是对于企业，都特别重要。

吉姆·柯林斯在研究了18家长盛不衰的企业之后，得出了这些企业最主要的经营原则——保持核心，激活进步。这里的"核心"不仅仅包括核心业务，更包括核心价值观。核心价值观相当于自然界中的遗传密码，在物种变化和进化中保持不变。这就是企业家的"志"之所在。当企业家的"志"定下来之后，全世界都会为他让路。

3.4 把长期主义融入企业经营思维中

大卫·克里斯蒂安（David Christian）是一位深受读者喜欢的历史学家。普通人写历史，一般时间跨度是三五十年，长一些的也就三五百年。克里斯蒂安不一样，他的《DK大历史：从宇宙大爆炸到我们人类的未来，138亿年的非凡旅程》，囊括的时间跨度是138亿年，从宇宙诞生之初，一直到21世纪日渐复杂的社会。这138亿年的演进史包含八个临界点，按照时间顺序依次是大爆炸、恒星诞生、元素产生、行星形成、生命出现、人类进化、文明发展、工业兴起。是的，直到宇宙经历第六个转折点，人类才出现。又过了很多年，令我们深感自豪的文明才出现。

克里斯蒂安的"大历史观"为我们提供了一个崭新的维度，即把当下放在宇宙当中，去看人类该何去何从。这是一种典型的大思维，具体来说，就是长期主义。

如今已经是数字化时代，AI技术发展得如火如荼，目前一天产生的数据在数量上几乎与过去几百年沉淀下来的数据相当。这时，我们该怎么做，怎么活，怎么面对AI呢？长期主义为我们提供了一种很好的借鉴。它不仅对个人的工作和生活有益，也为企业经营提供了科学的思维方式。

众所周知，人类对科学经营管理企业的研究也有超过百年的时间。1896年，弗雷德里克·泰勒（Frederick Taylor）提出了分工制，开启了科学管理研究的先河。到了20世纪初，亨利·法约尔（Henri Fayol）和马克斯·韦伯（Max Weber）将科学管理进一步推进到职能性管理的层面。此后，埃尔顿·梅奥（Elton Mayo）和亚伯拉罕·马斯洛（Abraham Maslow）提出了人本管理，尤其马斯洛的需求层次理论使得大家对人的动机（包括需求）有了深入的理解。20世纪40年代，切斯特·巴纳德（Chester Barnard）提出了组织管理的理论……20世纪五六十年代，彼得·德鲁克先后发表了《管理的实践》和《卓有成效的管理者》，一举奠定了目标管理在现代管理学的重要地位。随后，菲利普·科特勒提出了营销管理，奥布里·丹尼尔斯（Aubrey Daniels）提出了绩效管理，迈克尔·波特（Michael Porter）提出了战略管理，彼得·圣吉（Peter Senge）提出了学习型组织，埃德加·沙因提出了企业文化，罗伯特·卡普兰（Robert Kaplan）和大卫·诺顿

（David Norton）提出了平衡计分卡……至此，彼得·德鲁克的目标管理思想开始形成闭环。此后，又有克莱顿·克里斯坦森（Clayton Christensen）、丹娜·佐哈尔（Danah Zohar）等人对管理的探索。进入21世纪，吉姆·柯林斯提出了飞轮效应。

上述理论虽然在具体关注点上有所不同，但无一不是基于长期主义的思维视角，而这些思考为企业顺利穿越周期提供了条件，探索了路径。科学经营正是这些思考的受益者。也就是说，科学经营是自带科学管理和长期主义基因的。企业运用科学经营，就是把长期主义融入了企业经营思维。相信在科学经营的推动下，一家家企业会有自己发展的底座，并在底座上茁壮成长，越来越好。

2

科学经营曲线助力企业穿越周期，超越自我

■ ■ ■ ■ **认识科学经营曲线**

1. 科学经营曲线的基本原理

科学经营曲线是我们进行结构化分析的一个工具,它展示了企业经营的几个阶段。通常情况下,企业经营会经历六个阶段(如图2-1):A代表扩张,B代表扩张性衰退,C代表收缩性衰退,D代表复苏反弹,E代表再造繁荣。大部分企业都会经历这五个阶段。当然,还有一些企业在C阶段短暂停留之后,急转直下,直接到了F阶段。F代表企业的崩溃、死亡。需要注意的是,企业在B阶段时,是挣钱的,但其相对市场份额或者增长力在下降;在C阶段时,已经变成了持续亏钱,且其相对市场份额或者增长力下降的趋势并没有止住。

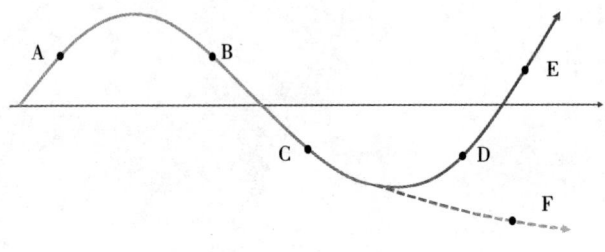

图 2-1　科学经营曲线

科学经营曲线是如何在企业经营的过程中发挥作用的呢？在回答这个问题之前，我们必须先明确一点——无论处在哪个阶段，企业都必须要增长。对于企业来说，在充满不确定性的市场环境下，追求增长是企业最重要的确定性目标。增长就像纯净的氧气一样，是解决企业一切问题的入口。

企业界的一些前辈经常讲"业绩治百病"，业绩好百病消，业绩不好百病生。企业必须制造增长，而且每一年都要制造增长。当业绩越来越差，就像打开了潘多拉的魔盒一样，企业开始越来越不堪，越来越尴尬。企业什么时候会开始遭遇不堪呢？就是从开始没有增长，甚至负增长的时候起。

明确了增长的重要性，就理解了科学经营曲线发挥作用的基础。那么，科学经营曲线是如何在企业经营过程中发挥作用的呢？答案很简单——每一个阶段的应对策略是不一样的。

当企业处于 A 阶段，应对策略是继续投入，继续扩张。

当企业处于 B 阶段，应对策略是聚焦，收拢，要"干掉"一些消耗竞争性战略资源的部分，聚焦在更重要的部分。

当杰克·韦尔奇（Jack Welch）刚担任GE（全称为General Electric Company，通用电气公司）的CEO时，GE的发展处于B阶段。韦尔奇之所以会成为全球第一CEO，就是因为他在GE的这个节点上做对了一件重要的事。当时，这家已经有117年历史的公司机构臃肿，等级森严，对市场反应迟钝，在全球竞争中正走下坡路。韦尔奇担任CEO之后做的第一件事就是把全公司的事业部整合成12个，其他的全部卖掉或"砍掉"。当韦尔奇离开GE的时候，GE的市值已经超过了4000亿美元，比他刚担任CEO时增长了30多倍，这使得GE成为当时全世界市值最高的企业。总结来说，韦尔奇做的就是聚焦。

当企业处于C阶段，光靠聚焦已经不能完全解决问题了。此时的应对策略除了聚焦，还需要重新定义。有了聚焦和重新定义的双管齐下，企业才能越过山丘，做根据地建设，做开放的生态。

魅影眼镜的创始人马总就深谙重新定义的魅力。他说："区域保护放开了，业务重新定义了，股权激励切切实实落实下去了，上市的苗头也就自然而然出来了。"2023年，魅影眼镜的业绩非常亮眼，营收同比增长超过了80%，主要原因就是企业进行了重新定义。此前，魅影眼镜主要做钻石切边眼镜（主要针对高端用户），且已经成为钻石切边眼镜这个细分领域的头部企业。就算它垄断整个领域，也不过是一年一两亿元的营收。从2023年开始，魅影眼镜进入了无框眼镜领域。这是国内一个全年营收高达50亿元的市场。光是2023年，魅影眼镜在无框眼镜定制这一项就实现了营收2亿元。他们还计划在2024年实现营收3亿元，在2025年实现营收5亿元。按照这样的趋势不断增长，这家企业极有可能在短期内成为上市公司。他们每一副眼镜都是定制的，企业就可以锁定一部分高端客户，这是一个非常了不得的发展方向。

此前，魅影眼镜的口号是"鼻梁上的劳斯莱斯"，直接定位高端。但再高端，一年的营收也不会达到一两亿元。进入无框眼镜市场是该企业对自己进行的重新定义。他们的目标是成为该细分领域的头部企业，口号也变成"无框眼镜，我就爱魅影"。正是重新定义帮助魅影眼镜这家优秀企业发生了翻天覆地的变化，成功找到了业绩增长的新赛道。

鸿晨集团的张总对重新定义同样有着清醒的认识。他说："产能已经过剩了，要么低价竞争，要么重新定义，升维破局，别无他法。"这是一家从1985年开始就做镜片的企业，迄今已经经营了40年。但是，摆在鸿晨集团面前的，仍然有一个跳不过去的选择，那就是继续受困于原来的商业模式，还是打破原来的商业模式去找新的发展方向。

实际上，鸿晨集团2023年就推出了"鸿晨眼健康"这一新零售项目。作为国内镜片这一细分领域的头部企业，它却很少留意终端消费者。所以，鸿晨集团启动了"品牌＋专业"的融合发展路线，推出"鸿晨眼健康"的新零售发展项目。这个项目是由光华陪跑，计划用3年的时间强强联合，推动"鸿晨眼健康"达到全国1万家品牌店的发展规模。截至2024年上半年，鸿晨集团在全国已经发展了200多家门店。

放眼国内眼镜行业，全国大概有7万~8万家非品牌店，如果不联合起来，又拿什么跟品牌店竞争呢？这就是"鸿晨眼健康"的空间，这就是商业项目在设计过程当中看到的未来。

2. 用科学经营曲线重新定义企业

科学经营曲线简单准确地展示了企业经营的几个阶段，我们要做好企业经营，就要判断自家企业处在哪个阶段，这样才能想清楚具体该怎么做。需要注意的是，不管企业处在哪个阶段，聚焦都是它们需要面对的核心问题。离开聚焦，企业就会面临诸多问题。

此外，企业在每一个阶段还都要有独特的应对策略。其中，基于 C 阶段的独特应对策略就是一定要重新定义。此时，如果只是轻描淡写，只做聚焦，企业就只是在延缓"死亡"。只有重新定义，才能让企业越过山丘，重新复苏。很多企业因为在 C 阶段做对了重新定义，成了时代的英雄。IBM 就是其中之一。

跟韦尔奇类似，郭士纳担任 IBM 的 CEO 也属于临危受命。在他于 1993 年 4 月走马上任时，IBM 累计亏损 160 亿美元，仅 1993 年就亏损了约 80 亿美元。因此，他判断当时的 IBM 处于收缩性衰退阶段（即 C 阶段）。于是，郭士纳开始大刀阔斧地进行改革（这些政策实际上采用了"聚焦+重新定义"的策略）。首先，出售了公司不赚钱的一些资产。其次，对公司的组织机构进行了"手术"，把董事会从 18 人减为 12 人，把全球 128 个首席信息官（CIO）减为 1 个，创立执行委员会，并严格按照绩效浮动奖金。最后，对公司进行了重新定义，变更了核心业务，从以出售大型机为主变为以出售服务为主，实现了从制造商向服务商的转型。郭士纳的这些政策对 IBM 的发展起到了举足轻重的作用。1994 年，IBM 即实现了扭亏为盈，且盈利达到了 30 亿美元。

无独有偶，张阔担任阿里国际站总裁之初，面临的境况跟郭士纳类似——企业业绩增长乏力，团队缺乏互信，整体出现巨额亏损。怎样做才能跳出这个深坑呢？张阔找到了破局点——重新定义。

首先，重新定义了第一客户：从卖家切换到买家。

之前，阿里国际站的主要服务对象是卖家。那些到阿里国际站上发信息、卖货的商家，是平台的第一客户。张阔经过一番调研，开始思考平台的第一客户究竟是谁，最后发现，有买家才会有卖家。于是，他对第一客户进行了重新定义，把买家当成第一客户。

其次，重新定义了平台定位：从销售线索提供到直接线上成交。

原先的阿里国际站只提供信息、销售线索，至于是否卖货、线下成交多少，那都是商家自己的事。这类似于企业到广交会拿了一个线索回来，然后跟客户谈，到最后在线下签了一个大单。重新定义之后，阿里国际站从只提供销售线索的平台转为买卖双方成交的平台，所有成交都是在阿里国际站完成的。这个转变过程很好地完成了阿里国际站的平台重新定位。

根据这两个方面的重新定义，张阔做了三个关键动作。

第一，做采购节。

阿里国际站的采购节安排在每年的3月或9月，也就是广交会前一个月。

第二，开始覆盖无线。

阿里内部早有"All in 无线"的提法，以前阿里国际站的重头戏在电脑端，现在无线端带来的交易量已经达到了全站交易量的90%以上。

第三，进行组织升级迭代。

…………

重新定义把阿里国际站推到了一个更高的高度。

当然，重新定义并非IBM、阿里这些世界500强企业的专利，同样适用于其他企业。2023年上半年,光华也进行了重新定义。为什么光华要做这个工作?2023年是一个被大家寄予厚望的年份,大家都以为业绩会出现"报复式"增长。遗憾的是,增长的时间很短暂,企业发展很快就陷入了疲软的状态。我马上就"闻"到了浓浓的危机——光华正在C阶段挣扎,重新定义刻不容缓,否则就容易滑进F阶段的深渊。于是,在2023年上半年,光华的重新定义开启了。

在这个过程中,光华做了两件事。

第一件事就是重新定义了第一客户。

以前,光华的第一客户是HR,负责相关业务的同事不一定会跟老板直接打交道,对这些同事的考核也是围绕着深度沟通多少个HR展开的。但是,自2023年开始,光华的第一客户,或者说第一沟通对象,上升为老板。第一客户变了,考核标准也随之发生了变化,变成了围绕深度沟通多少老板展开。

第二件事就是重新定义了业务定位。

以前,企业的定位偏向于中介型。我也一直在思考,到底是要做培训咨询界的链家,还是做培训咨询界的万科。2023年,我对光华的经营思路变得无比清晰,那就是一定要做万科模式。业务定位发生转变以后,关键动作是光华必须要有自己的理论体系。这是我对未来5年乃至10年间公司发展的判断。此前,我对全世界的培训咨询公司进行了研究,结果发现:全球顶级的培训咨询公司都是有自己的理论体系的,而中国本土排前十名的培训咨询公司很少有自己的理论体系。光华必须对标全球顶级的培训咨询公司,形成自己的一套理论体系。

我在10年前做实践,5年前开始做教学,但是始终没有把科学经营作为重点。2023年,光华进行重新定义后,开始将科学经营作为重点，由此带来的效果确实与以往很不一样。包括我本人的教学，也从原来主讲的"赢在中层"，发展到"股权设计"，再发展到"BLM（业务领先模型）"，进一步发展到现在主讲的"科学经营"，很多理论发生了变化。因为当我聚焦一个理论体系的时候，我会不断探索理论体系的深度，这样该理论体系的高度也会不断提升。没有重新定义，光华可能会随着时间的推移不可避免地开始走下坡路，更不用说在接下来的5～10年走向辉煌。所有这些的前提，是自己要知道自己在哪里。只有这样，才能知道具体要做什么。

现在，光华已经顺利度过了 C 阶段，开始向 D 阶段迈进。接下来，光华要做的就是根据地建设。2024 年，光华的核心战略选择，就是建设浙江、广东这两个根据地。根据地建设成功之后，下一步的任务就是到达 E 阶段，保持开放，做生态，让更多的人参与进来。到那时，光华就会有更多的渠道商、合作伙伴、生态服务伙伴，就可以一飞冲天，越过山丘，与大家顶峰相见了。

············

科学经营曲线正在不断帮助企业定义自己。有些企业更是在重新定义的过程中开辟了行业的新打法。比如，IBM 重新定义了电脑，钉钉重新定义了 OA（移动 OA、免费 OA），苹果公司重新定义了手机，瑞幸咖啡重新定义了咖啡，特斯拉重新定义了汽车，BOSS 直聘重新定义了人才网。而这些新打法通常会帮助企业成长为所在行业数一数二的企业。

这都是重新定义带来的新商机。只有在一个新的、更高的高度，才能真正体会到更高的境界——**战略聚焦，翻越山头；重新定义，越过山丘。**

3. 用科学经营曲线来实现企业的高质量发展

怎样用科学经营曲线来实现企业的高质量发展呢？其实，科学经营曲线的每一个环节都是需要聚焦的，不聚焦是很容易出问题的。但是，光聚焦也可能依然会出问题。如果魅影眼镜光聚焦在钻石切边，鸿晨集团光聚焦在传统镜片制造上，可能依然会出问题。聚焦和发展是一个悖论整合。真正具有长期主义精神的企业家，一定会在悖论的整合中寻找企业的发展突破口。

专注（主要针对个人）和聚焦（主要针对企业）是这个时代最稀缺的能力。我们如果能触摸聚焦带来的无穷力量，在聚焦的基础之上发展出适合自家企业的新商业模式，就能真正推动企业走向高质量发展之路。

华为创始人任正非讲过一段非常重要的话，他说："华为就是一只大乌龟，只知道爬呀爬，全然没有看见路两旁的鲜花，不被各种所谓的风口左右，只傻傻地走自己的路。"从中我们不难看出任正非的专注和华为的聚焦。正是因几十年如一日的专注和聚焦，华为才能始终不为诱惑所左右，才能取得如今的成就。

但是，华为的聚焦并不意味着只做交换机。从交换机到3G技术，到5G技术，再到现在涉猎汽车、手机等多个行业，华为聚焦的内容一直在变，而这种变化为华为的发展带来了大量机会。实际上，聚焦针对的是一个行业的风口、一个切入面，而不是一个点。很多时候，我们一旦局限于聚焦某个点，就会失去大量商业生态机会。那样的做法就不是科学经营，而是狭隘的认知。这是特别需要注意的。

4. 用科学经营曲线鼓励引导业务价值曲线的创新

今天不是一个做单品的时代,而是一个要做曲线的时代,这条曲线就是业务价值曲线。要想让业务价值曲线持续发挥作用,就要实现该曲线的持续创新。业务价值创新曲线(如图2-2)是我的原创。横轴代表的是价值周期,纵轴代表的是价值大小。整条曲线分为四个象限,分别对应F1、F2、S、D四个业务价值曲线创新点,它们分别代表流量型产品、功能型、场景型产品、方案型、行业型产品、利润低、服务期长、耐用型产品。

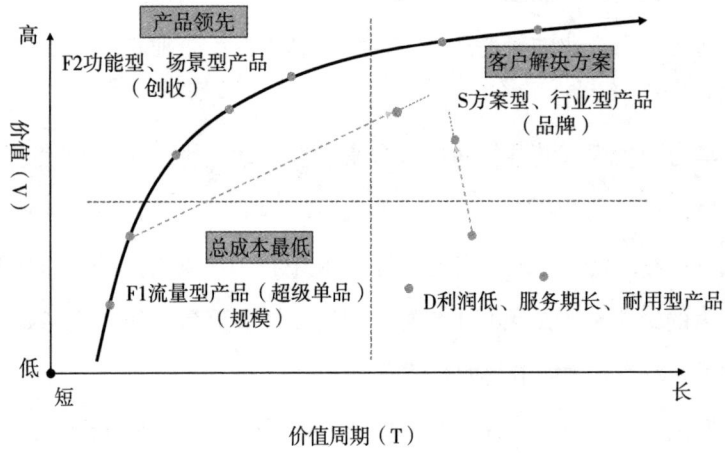

图 2-2 业务价值创新曲线

每一家企业都要有自己的业务曲线。我们要做好聚焦,不一定非要聚焦在某一个业务单品上,而应该聚焦在这条业务价值创新曲线上。我们要有多类产品的切入,围绕着企业需求来做生态型的业务价值创新①。

以光华的业务价值创新曲线为例。光华 F1 的产品设计业务是私董会和增长营，这是两个流量型产品，采取的是总成本最低的价值主张。原来光华做增长营收费是 19800 元/人，现在只收 2980 元/人，基本上就是成本价了，这就是总成本最低的产品设计。光华希望用成本价做增长的闭环做可复制的增长，然后以此牵引出功能型产品，最后牵引出方案型产品，构成一条非常漂亮的业务价值曲线。

普通企业的战略都是单要素的战略，卓越企业的战略会把不同的产品、不同的要素形成一个互为因果的闭环，再把这个闭环放到一个长长的、厚厚的、丝滑的坡上面，日复一日地不断推进。亚马逊早在 20 多年前就这样做了，并最终形成了引发众人竞相模仿、学习的飞轮效应。我们今天必须要更有智慧地去经营企业。这样才能把企业越做越好。

为什么有的人会觉得经营企业让自己苦不堪言？很大程度上，就是因为他们只做单点，没有做结构化设计，更没有做业务价值创新曲线。如果他们给企业做了结构化设计，做了业务价值创新曲线，哪怕企业经营状况再差，依然拥有无限反弹的可能性。这就是大思维带来的无穷发展空间。

对于企业来说，运营策略的选择将会定义企业接下来 10 年的发展路径。众所周知，在企业发展的过程中，价格是一个相当敏感的要素。现在，市场上有不少平价替代品和国产替代品，但从根本上来讲，它们起的是价格代替的作用。如果以价格作为 X 轴，质量作为 Y 轴，

---

① 实际上，企业需求也是建立在解决客户需求的基础上的。

我们就可以将企业运营的价格策略分为四种类型：高质高价、高质低价、低质低价、低质高价（如图2-3）。

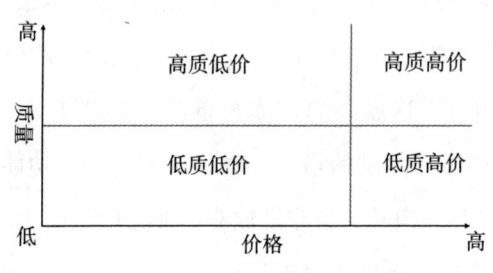

图2-3 企业运营价格策略

企业该如何选择自己的价格策略呢？

首先，低质高价是非常不合适的。产品的质量明摆着不足以支撑其价格。以此作为价格策略的企业没有把客户的真实需求放在最重要的位置，只想着依靠"一锤子买卖"欺骗客户，或是"割韭菜"。

其次，高质高价是很多奢侈品牌的选择。LV就是这样做的。知名厨电品牌方太也选择了高质高价的路线。目前，方太已经成为高端厨电市场的头部企业，仅2023年一年，就实现了营收176.29亿元（至于2024年的营收，该企业未透露具体金额，只表示与2023年营收持平）。需要注意的是，高质高价的路线并非企业快速腾飞和发展的选择，它也许可以让企业走得久，但不代表企业在某个阶段可以走得很快。

光华的陪跑企业护童同样选择了高质高价的路线，经过15年的努力，已经成为国内高端儿童学习桌椅第一品牌。创始人杨总说："产品本身的功能和价值点能不能打动用户，这是最重要的。我希望护童是高端的护童，以后是更高端的护童。"

我非常认可杨总的理念。护童通过在学习桌上加上大量的摄像头、视频控件来研究一个小孩子坐姿的健康程度,未来更会带着大量 AI 要素介入,使得儿童学习桌椅将不再是冷冰冰的桌椅,而是陪伴儿童学习成长的关键要素。这个关键要素的实现,必然需要更高端的护童。

当然,儿童学习桌椅这个赛道还存在很大的压力。最直接的原因就是学龄儿童数量的减少。不过,儿童学习桌椅的渗透率目前只有 10% 多一点,因此市场还是有一定潜力的。此外,护童也没有因为市场存在潜力而停止探索的脚步,还在研究如何使护童的产品更加简单,甚至直接开创第二品牌。

最后,高质低价、低质低价是目前企业选择的主流。因为它们占据的是大众市场,而大众市场具有广阔的空间。

尽管低价策略占据了企业运营价格策略的主流,但我们并非要去寻求低价竞争。低价竞争不是战略的选择,低成本才是。如果大家都降价,都不挣钱,这并非好事,因为这样不仅陷入了恶性竞争,还损人不利己;如果大家都降价,其他人都不挣钱,只有某家企业挣钱,这就耐人寻味了,因为挣钱的这家企业实现了总成本最低。总成本最低不是简单地降低原材料的价格,而是通过内部价值链活动的管理改善来提高运营管理效率。

实现了总成本最低的企业就拥有了一种无敌的价格进攻权,又称价格自由权。像麦当劳、名创优品、特斯拉都是拥有价格进攻权的企业。它们并不把同行的竞争作为自己发展的评判标准,而是真正在思考内部的管理改善。

过去,我们总习惯把客户分为两类:一类是优质客户,跟他们交易,量大、价优、省心;另一类是"垃圾客户"(即难搞的客户),跟他们交易,还需要就价格斗智斗勇。但是，近几年来做外贸，情况发生了一定的变化：大家印象中的优质客户订单下降了，反而是那些难搞的客户订单增加了。这个变化其实暗合了一个逻辑——那些难搞的客户在成本上是死抠的，在运营上是讲究的，这样的企业往往在大环境严峻的时候拥有更强的竞争力。这也充分证明了一件事：具有终极竞争力的企业运营价格策略是高质低价，而非低质低价。

5. 从科学经营曲线到科学经营系统

作为结构化分析的一个工具，科学经营曲线对企业的发展起到了非常重要的推动作用。它不仅能够重新定义企业，鼓励引导企业的业务价值创新，还能帮助企业探索高质量发展的方向。那么，科学经营曲线是怎么在企业的实际运营中发挥作用的呢？答案是利用科学经营系统。

科学经营系统是指科学经营12349系统（详见后文），它通过1个视角、2个飞轮、3个动作、4个角度、9个模块来帮助企业厘清自己所处的阶段，并针对企业的实际情况进行调焦、松土、分解目标、拆解动作、对齐能力，做好战略规划、战略解码、战略执行的工作，从而使企业解决了消耗和内耗的问题，走上可持续高质量发展的道路。

■ ■ ■ ■ **科学经营曲线助力企业翻过山丘，跨越鸿沟**

1. 危机也代表着机会

1978年12月18日，党的十一届三中全会闭幕，代表着一个新时代的开始。改革开放这40多年来，中国经济得到了快速发展。时至今日，我们依然在这个发展曲线里，不过暂时遇到了一些困难。我们要相信，一个春暖花开的时代其实就在眼前，与其抱怨，不如奋勇前行，越过山丘，去看山丘另一边的风景。这才是最好的应对方式。

人到了一定的年纪，就要懂得如何嘻皮笑脸去面对人生的难。毕竟，很多时候，就像歌曲《山丘》里描述的那样，"越过山丘，才发现无人等候"。我们的山丘究竟是怎么样的?我们现在究竟是在谷底,还是在峰顶?是在下坡,还是在上坡?我们究竟在哪里?这些是每一个人都要思考的问题。在这方面,望天树家居科技(以下简称"望天树")的温总为我们提供了一个样板。

2022年,我带队去参观了望天树。它是一家做窗帘的企业,也是光华的学员企业。创始人温总对企业面临的危机认识很到位,他说:"到处跑了半年,回头再看看我们这个行业(窗帘),都是小作坊,老缝纫工都招不到了,怎么搞?肯定得科技化、规模化,主动革命。没想到,我们就这样做成了全国第一家智慧窗帘工厂。"他就是用数字化手段和智能制造技术,漂亮地越过了山丘。

我带着很多学员去参观望天树的工厂。厂里拥有可视化吊轨看板,该看板可以全自动呈现哪些机器繁忙,哪些机器空闲,哪些机器运行正常,哪些机器运行异常。56个全自动导轨智能控制台,硬生生把窗帘生产周期从原来的十天半个月,缩短到了7天,甚至5天。现在,更是将生产周期缩短到了10小时。这就是智慧的力量。

望天树从原来的淘宝窗帘卖家到窗帘定制生产商,再到国内窗帘制造行业的领军企业,成功实现了逆袭。

过去几年,国内经济发展经历了一段比较艰难的时期。房地产、外贸行业经历了不同程度的下滑,新能源、高科技、低碳行业虽然保持了一定规模的增长,但专业性较强,无法对大多数企业形成支撑。大多数企业的压力仍然比较大。

这时,我们需要的是信心。我们对未来的笃定,需要的是我们对中国未来10年、20年,乃至于更长时间的预见。抱怨是没有用的。我们要明白一个最简单的道理:一个人从什么时候开始停止抱怨,就从什么时候开始成长。抱怨的时刻，是非常不美妙的时刻，是走向失败的时刻。我们要的不是抱怨，而是在困难当中继续前行的勇气，这才是企业发展最重要的根本。

历史总是惊人地相似。经济学上有一个著名的理论，叫康波周期。康波周期是经济学家尼古拉·康德拉季耶夫（Nikolai Kondratiev）于20世纪20年代提出的。该理论认为，经济发展存在着一个大约50～60年的长周期，具体分为繁荣期、衰退期、萧条期和回升期四个阶段。技术革命和科技进步是造成经济成长和衰退的重要助推力。按照康波周期理论，目前世界经济进入了萧条期，这为企业经营带来了不小的外部环境压力。

老子讲："反者道之动，弱者道之用。天下万物生于有，有生于无。"循环往复，才是大道的规律所在。企业不可能一直往上走。即便是阿里这样的大企业，有那么多的顶级人才，也很难做到。此外，我国人口增长速度放缓，年新增人口跌破了1000万。人口红利逐渐消失，经济将会面临挑战。这种挑战也为企业经营带来相当大的压力。

大变革的时代，一切都在破局，万物迅猛生长。历史告诉世人，过去，现在，未来，从来不是平铺直叙、一马平川的，而是充满波折徘徊，甚至往复的。认清历史的规律，把握前进的方向，我们就不会偏航。危机在某种程度上也代表着机会。

无论涉及个人发展，还是企业经营，我们都不妨用这样的概念来引领自己：不要着急，让子弹先飞一会儿；不要着急，先活在当下。焦虑没用，郁闷没有用。活在当下，让自己学会成长，学会拥抱未来，这才是最重要的。

2. 跨越鸿沟是企业的必然选择

20多年前，阿里喊出了"让天下没有难做的生意"的口号；20多年后，很多人感叹"天下已经没有好做的生意了"。有人说，这跟阿里有关系。有人说，应该停掉直播，关掉电商，回归线下，这样生意才会好起来。我认为，这些想法并不合理。如果真的那样做了，就是回到历史的老路上，完全没有考虑现在的实际情况。我们在前进，在生长，20多年后的今天，生意越来越难做是现实，也是不可避免的。

为什么生意越来越难做？有两个重要原因不容忽视。

第一，做生意的人太多了。

以餐饮企业为例。据商务部、国家统计局等的相关数据，截至2014年底，我国餐饮企业的数量是243.1万家；截至2024年3月底，我国餐饮企业的数量超过了1500万家。10年之间，光是餐饮企业即有如此多的入局者，竞争怎么会不激烈？

第二，信息太透明了。

信息太透明也会增加做生意的难度。一些质量差的、偷工减料的、服务不到位的商家会被那些质量好的、有品牌知名度的、服务做得棒的商家"干掉"。实际上，这是两极分化带来的结果。

这些年，投身商界的人们大多会有一个很深的感触：要么把企业做大，追求规模效应；要么把企业做小，成为细分垂直领域的领头羊。经营企业不能让企业又大又小，也不能让企业一会儿大，一会儿小。我们究竟该如何做选择？该如何做出对的决定？这是非常有意思的话题，也是企业家需要深思的问题。

很显然，选择把企业做大，追求规模效应，用实力去碾压一切，需要有实力支撑，即企业家能够调配的资源和凝聚的能力可以支撑企业做大。如果资源、能力支撑不够，企业家就不能一味地追求把企业做大。此时，选择做某一细分垂直领域的冠军企业也是一条不错的出路。

2002年诺贝尔经济学奖获得者丹尼尔·卡尼曼（Daniel Kahneman）写了一本书——《思考，快与慢》。他在书中旗帜鲜明地告诉我们："重复且长时间的无尽忙碌，只要条件具备，大部分人都可以做到。难的是思考，没有深入的思考，勤奋就没有意义。"这些话的意思理解起来并不困难，简单来说，就是方向不对，努力白费；方法不对，努力也白费。太多的企业就是因为管理者缺乏深入的思考（按照表达习惯，我们更习惯把"深入的思考"称为"深度思考"）而慌不择路，以致到最后走上了一条不归路。

我们需要扪心自问到底有没有进行过重要的深度思考。时代变了，经济形势也变了。在这样的外部环境中，身为老板的你尽管很累，很拼，很勤奋，很努力，也不一定能拼出价值，拼出实力，拼出一个品牌，拼出一席之地来。为什么？因为这些可能都是低水平的勤奋，企业要在新环境中实现可持续发展，需要老板的深度思考。

我们今天迎来的是一个新时代，而这个新时代的首要任务，就是要高质量发展，要专精特新，甚至某些企业就是要在细分垂直的赛道上来深度耕耘。

有些老板向我感叹："方老师，我们前些年辛辛苦苦挣的钱，现在感觉要凭实力把它亏掉了。"其实，这正说明此前可能正处在一个低水平勤奋的阶段。

如今，很多企业都面临着不小的压力。据权威统计，截至2022年

10月底，我国中小微企业已超过4700万家（计算时按照4700万家），它们累计创造的利润是1.96万亿元。平均下来，每家企业的利润还不足4.2万元。而当年我国城镇私营单位就业人员年平均工资为65237元。可想而知，中小微企业面临的压力有多大。

按照康波周期的理论，现在经济发展正处在萧条期，即处在谷底的状态。作为支撑我国经济的中坚力量，中小企业要争一口气，勇于跨越鸿沟。当然，规模以上企业更要正视压力，主动行动。毕竟，跨越鸿沟是企业的必然选择。

3. 跨越鸿沟的两种姿势

在企业发展的路上，我们要学会看科学经营曲线这张图（如图2-4）。

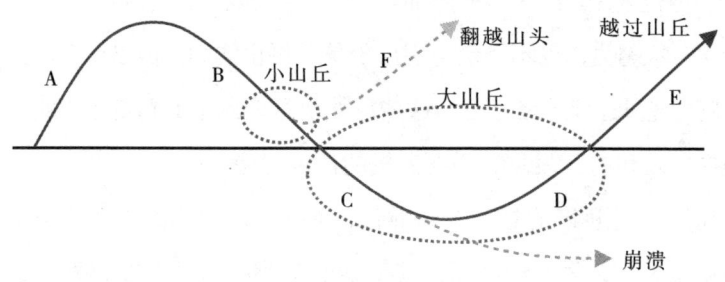

图2-4 企业科学经营曲线

在企业经营过程中，一些企业会卡在B阶段。这时，有些聪明人意识到企业的问题，马上开始调整，重新做战略聚焦，这样企业就在其带领下开始翻越山头了。而且，这部分企业基本上都可以成功翻越山头。与之相反,一些企业家没有及时发现企业的问题所在,也就没有办法及时对企业的问题做出调整,最后导致积重难返,企业只能继续走下坡路。一旦掉到必须打碎重组、"刮骨疗伤"的阶段,就意味着这家企业可能救不回来,开始走向崩溃了。

经济学界有两本名为"崩溃"的书,先来看第一本。

克里斯·克利尔菲尔德(Chris Clearfield)和他的合作者写了《崩溃:关于即将来临的失控时代的生存法则》。在他们看来,随着系统变得越来越复杂,在AI和算法以及人类经验的影响下,系统反而更容易出现灾难性失败,结果就是我们现在处于"崩溃的黄金时代"。对未来的趋势判断不明,没有预见性,就很难避免没有预见性带来的崩溃。

众所周知,华为是世界500强企业,是全球领先的信息与通信技术(ICT)解决方案供应商,是中国民营企业的骄傲。可就在2003年,华为创始人任正非却做出了以100亿美元的价格把华为卖给摩托罗拉的决定。而摩托罗拉方面对此项交易也非常感兴趣,其新任CEO却否决了双方签署的意向书。得知消息的任正非果断启动了"备胎计划"。

其实,无论是将公司卖给摩托罗拉,还是果断启动"备胎计划",都跟任正非的战略预见能力密切相关。任正非在接受采访时透露了自己当时的判断。他表示,按照当时发展状况,他们预判华为会达到世界先进水平,迟早会跟美国公司在顶峰相遇,到了那时,美国公司会毫不客气地打击华为。将公司卖给摩托罗拉,就变成"资本是美国公司,劳动是中国人",有利于国际市场的扩张。

关于"备胎计划",任正非透露:"……我就说十年之后和美国(公司)在山头上遭遇,我们和他们'拼刺刀'肯定'拼'不过,他们爬坡时是带着牛肉咖啡爬坡,我们带着干粮爬坡,可能上山的速度不如人家,我们要有思想准备,就准备了'备胎计划'。"

正因为任正非出色的战略预判,华为才免于崩溃。这种崩溃指的是由于自身对未来预见的缺失而导致的崩溃,而贾雷德·戴蒙德(Jared Diamond)讲的崩溃则是生态带来的崩溃。他在这本全名为"崩溃:社会如何选择成败兴亡"的书中明确表示:不能预见会导致人类社会和规模较小的群体决策失误。

由此可见,不管什么样的崩溃,我们都要小心。预见能力,就是我们对未来的预判能力,也是我们跨越鸿沟非常重要的能力。觉察不到问题,或者看到了问题,应对方式是懈怠的,或对未来的整个判断是失灵的,那么企业可能很快就会掉到谷底,甚至走向崩溃。

跨越鸿沟有两种姿势:一种是战略聚焦,翻越山头;另一种是重新定义,越过山丘。这里的"山头"就是科学经营曲线中的"小山丘","山丘"就是科学经营曲线中的"大山丘"。当企业出现增长下滑,开始晕头转向时,要想越过山头(小山丘),就得战略聚焦;如果企业下滑得比较厉害,光战略聚焦已经不能解决问题了,这时它要面对的就是山丘(大山丘)了。企业必须战略创新,重新定义,才能解决问题,越过山丘。

我们要想让自己的企业顺利地跨越鸿沟,就要思考企业在科学经营曲线上所处的阶段,选择适合自己的姿势。

子不语是中国知名跨境电商企业,2011年成立,2012年就在淘宝实现了营收1亿元。遗憾的是,营收1亿元成了公司增长的瓶颈,于是子不语果断转战速卖通。2014年,该公司在速卖通实现了营收1.5亿元。很快,增长又遇到了瓶颈,于是子不语又转战wish。它在该平台发展迅速,2015年就实现了营收4亿元。在wish遇到瓶颈后,又转战亚马逊，做亚马逊跨境电商。2018年，子不语在亚马逊上的营收达到了18亿元。2022年11月，子不语成功上市。

其实，子不语最早不过是杭州本地一家销售鞋子和服装的外贸公司，后来顺应经济形势的发展，结合自身发展实际，陆续转战淘宝、速卖通、wish和亚马逊，最终成功上市。归根结底，就是因为子不语善于在自身处于谷底时寻求变化，寻求突破。

嘎达科技的创始人赵总是光华的学员，该公司发展轨迹跟子不语很像，也非常善于在遇到瓶颈时寻求变化，寻求突破。赵总说："做企业就像蜜蜂采蜜似的，得向有花香飘过来的地方飞去。"嘎达科技是一家主营渔具的跨境电商企业，2010年成立，开始做淘宝业务，2012年转做天猫，2015年转做跨境电商。几年时间从国内市场转战全球市场，说起来容易，做起来很不容易。毕竟，做淘宝、天猫和做跨境电商是两码事，完全是不一样的方法、不一样的团队。特别是做海外市场，品类也要发生变化。

2015年底之前，嘎达科技卖的是帐篷、睡袋等，2016年开始就转卖鱼竿等商品了。结果，一年下来，光是卖鱼竿的收入就达到了2亿元，鱼竿一个品类就五六千个SKU[①]。2022年，他们又增加了内贸业务。

他们的团队对内贸业务并不陌生，但目前内贸业务已经发生了很大的变化，再去做内贸必须要选择直播带货了。因为短视频、直播可能才是内贸未来的主流销售方式。后来，赵总学习了科学经营的相关课程，明白了向相关相邻产业扩张的重要性，于是又增加了帽子、衣服、

---

① SKU，全称Stock Keeping Unit，意为最小存货单位。

背包等跟钓鱼相关的户外产品，形成了一个小生态。钓鱼现在已经变成了一种社交方式，一种生活方式，一种成长修炼的方法。

除了嘎达科技的赵总，光华的另一位学员蒋总也是战略聚焦的高手。蒋总的企业是做燃油车零配件的。众所周知，近年来新能源汽车的发展势头很猛，众多知名车企都在新能源汽车方面加码。大家走在路上，时不时就会看到特斯拉、岚图、小米 SU7 等。一提燃油车，很多人直摇头，觉得蒋总的企业没前途。

那么，蒋总为什么会聚焦燃油车零配件呢？从我国汽车销售现阶段的情况来看，尽管新能源汽车销量逐年上升，但还未占据汽车市场的主体地位。以 2024 年为例，汽车总销量达到了 3143.6 万辆，新能源汽车销量 1286.6 万辆，占比为 40.9%。燃油车销量 1857 万辆，占比 59.1%。这占比 59.1% 的燃油车就是蒋总的企业服务的对象。

很多人都知道必胜客，但很少有人知道全世界最挣钱的比萨品牌并不是它，而是达美乐。究其原因，最主要的就是达美乐重新定义了比萨。顾客下单后，30 分钟送达，且保证良好的口感，是达美乐的核心竞争力。它的这一做法为餐饮同行借鉴。知名咖啡品牌瑞幸咖啡即是以达美乐为对标对象，重新定义了咖啡，并取得了出色的成绩，成长为国内最大的咖啡连锁品牌。

在重新定义方面表现出色的，还有海尔和钉钉。1984 年，张瑞敏担任了青岛电冰箱厂（海尔前身）的厂长。当时，工厂已濒临倒闭，员工们非常茫然，工作纪律涣散。就是这样一个厂，在张瑞敏的带领下，通过名牌战略、国际化战略、全球化品牌战略、网络化战略、生态品牌战略等进行了重新定义，最终成长为工业互联网平台、全球领先的美好生活和数字化转型解决方案服务商。

钉钉的诞生开创了移动 OA 的新时代。身为创始人之一的陈航（花名"无招"）功不可没。陈航调任之后，现任总裁叶军（花名"不穷"）重新定义了钉钉，从原来 SaaS（Software as a Service，软件即服务）化进化成了企业级的协同 PaaS（Platform as a Server，平台即服务）化，他把钉钉做成了千万家企业数字化的底座[①]。

需要注意的是，在企业发展的过程中，要进行重新定义，企业家还需要做好两件事：一是做好定位（即明确聚焦主题或对象），二是做好关键动作。

光华这些年也在做重新定义，站在行业的视角重新定义管理培训与咨询。以前，光华开设培训课程，然后派几名专家去做咨询，属于典型的传统模式下的咨询和培训。现在不一样了，咨询变成了陪跑咨询，培训变成了一种成长、一种生态，线上线下、内部外部相结合。光华现在是站在客户的角度来重新定义企业的经营与管理的。

在这个过程中，小桥发挥了重要的作用。作为光华的副总裁，他深知自己肩负的重担："我是 2022 年 6 月 23 日加入光华的，用方老师的话来说，当时公司已经到了谷底，怎么走都是向上的。但是，压力还是很大的。业绩差距很大，团队守旧，战略业务疲软……如何跨越这个鸿沟，困难重重。"

为了重新定义光华，小桥做了三个关键动作。

第一个关键动作，"三场战"。

这"三场战"分别是"831 的信心之战""双 11 的奇迹之战""231 的品牌之战"。

---

① 2025 年 3 月 31 日，阿里向外界确认拟收购陈航创立的两氢一氧（创立于 2021 年）的股份。交易完成后，陈航将回归阿里，并出任钉钉 CEO。

第二个关键动作,"All in 阿里"。

光华将简单的销售产品升级为提供解决方案,在阿里的生态业务实现了三五倍而非百分之二三十的增长。

第三个关键动作,重构软件数字化团队。

....

关键动作是践行重新定义的重要保障,没有关键动作,重新定义没有任何意义。

4.企业家必须要有面对鸿沟的勇气

对于大部分人来说,他们的一生要经历从起点到学前,然后到小学、初中、高中、大学、(进入)社会,接着到中年危机,面临的是房子、车子、孩子、父母,再到退休,最后到终点,就是一个不断越过山丘的过程(如图2-5)。

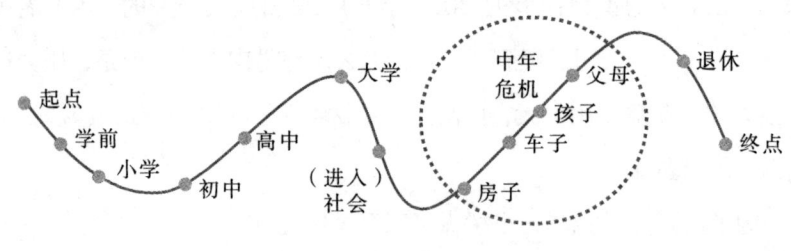

图 2-5 大部分人的人生之路

而在这段需要不断翻越山丘的人生之路上,我们最起码还要跨越21个鸿沟(如图2-6),有美食的鸿沟,玩伴的鸿沟,早恋的鸿沟,不想长大的鸿沟,游戏的鸿沟,过度消费的鸿沟,社交恐惧的鸿沟,事业焦虑的鸿沟，创业风险的鸿沟，家庭问题的鸿沟，投资风险的鸿沟，婚姻危机的鸿沟，等等。任何一个沟里出不来，都会影响美好的人生。

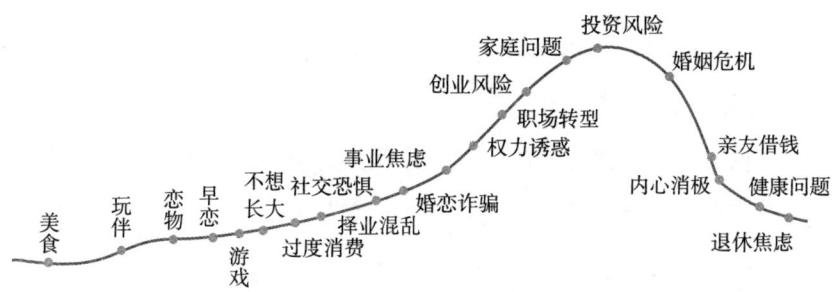

图 2-6　人生之路上的 21 个鸿沟

企业也是一样。失去了翻越山丘、跨越鸿沟的能力，很多企业在发展的道路上就会频频遇险，甚至走向崩溃。

比如，中年危机是个人和企业普遍都要翻越的一个大山丘。对于很多人来讲，人到中年的他们要操心房子、车子、孩子、父母的事情，常常会感到身心不适。对于企业来讲，一旦出现增长困难、员工士气低落、管理问题、内部沟通问题、财务压力、程序烦琐等信号，就意味着中年危机的阴影已经降下。与个人不同的是，企业出现中年危机并没有严格的时间表，有的企业成立一二十年了才遇到，有的企业可能成立才七八年甚至三五年就遭遇了。

实际上，就像有些人真正的人生是从 50 岁开始的一样，企业要想克服中年危机，就要打破既有体系的平衡。企业的创新发展也是如此，只有不断打破既有体系的平衡，企业方能持续前进，但这是需要勇气的。

2012 年，方洪波用 4 个"忍得住"推动了美的的转型升级。这是一个循序渐进的过程。其间,美的的数字化转型经历了5个阶段,每个阶段的转型都解决了一个具体问题。2021年,方洪波把美的已执行10年的战略主轴升级为"科技领先、用户直达、数字驱动、全球突破"。这一年,美的营收高达3434亿元,实现归属于母公司的净利润286亿元,圆满地跨过了鸿沟。

方洪波认为:营销的背后就是管理,竞争力最重要的本源就是管理。数字化转型不是工具,而是战略。变革一定要坚持做,坚持做长期而正确的事情。

2017年,百丽被高瓴资本创始人张磊以531亿港元收购,并在港交所退市。消息一出,震惊了整个业界。素有"中国鞋王"之称的百丽于2007年上市,巅峰时期市值高达1500亿港元。遗憾的是,百丽从2014年开始走下坡路,到了2017年变得摇摇欲坠。本次收购让百丽有了重新定义、越过山丘的机会。仅仅两年时间,依靠高瓴资本带来的团队和数字化支撑,百丽焕发了活力,重回新零售的第一名。

这些企业都是越过山丘的幸运儿。也有一些企业没能抓住机会进行重新定义,打碎重组,没有不断"做减法"的决心,没有做好"打地铺"的准备,错把红利当能力,失去了最好的机会,只能咽下临近崩溃或已然崩溃的苦果。

企业家必须要有面对鸿沟的勇气。如何跨越鸿沟?我们要么战略聚焦,要么打碎重组,要么重新定义。而重新定义最重要的,就是要有勇气。

鲁邦新材料的创始人罗总是光华的学员。罗总曾经跟我分享过创业前的打工经历,他说:"方老师,我在服装厂做过缝纫工。你给我一块布,不需要任何人帮忙,我就能给你做件衣服。我也在餐厅做过厨师,不管天上飞的、地上跑的，还是水里游的，只要放在我面前，我都能烹饪出一道美食。我还在水泥厂里打过工，从厂里最辛苦的岗位做起，每天跟那些灰泥打交道。我劝老板改善质量，提高生产技术水平。我相信市场很大，相信做品牌的优势。老板不相信我，于是我就自己出来干了。"

2014年，罗总开始创业，启动资金是借来的50万元。几年下来，他累计在工厂投入了500多万元，也取得了不错的成绩。此时，内外环境的变化都对工厂的发展提出了更高的要求。2021年，罗总斥资2300万元上了当时业内最先进的全新自动化设备，成功解决了设备落后、污染严重的问题，也使得工厂的年产能翻了好几番，从3万吨变为20万吨。以罗总所在行业当时的情况计算，开足马力做到20万吨的时候，工厂一年流水能达到2亿多元。

罗总本人学历不高，但特别重视知识产权的积累和专利的申请，舍得在设备的更新上投入。他深谙"有经营意识和良好的技术，才能创造出更多的价值"的道理，直面设备落后、污染严重给工厂带来的困境，并投入巨资升级设备，让工厂重新焕发了生机。正因为他有这样的勇气，有这种向上的力量，他的企业才成功越过了山丘。

圣伊卡罗的创始人陈总也是光华的学员，她一直是个勇敢奋进的人。她说："我只认一个理，我的主动权在哪里，我的话语权在哪里。别人能'端掉'的，都不是我的核心竞争力。一路抗争，一路挣脱束缚，才是可以传承下一代的核心竞争力。"

陈总创业的时间比较早，早在1993年就开始了，主要做批发外贸。从1993年到2010年的这十几年间，她每年的平均业绩能达到4000万元。可4000万元已经是这种运营模式的巅峰，陈总深感自己遇到了天花板，于是请教同行，开始深度思考出路何在，最后选择了商超。

成为商超代理商之后，陈总逐渐把业绩做到了每年2.5亿元。接着，一座更高的山挡在了她的面前。作为代理商，她需要不断代理人家的产品，然后把这些产品投放到适合的商超中。这就对她的发展造成了很大的制约。她几乎每天都要处理类似"这个价格可以做，那个价格不可以做""这个活动可以搞，那个活动不可以搞""线上不能做，电商不能搞"的问题。尤其近几年，尽管她拓展了不少新店，整体业绩持续上升，但单店的营收却在不断下降，且降的幅度令人心慌。

活动不能搞，促销不能做，到底怎么办才好呢？有一条完全崭新的道路摆在面前，那就是要做自有品牌。没有主动权，就没有话语权和控制权。想明白这些之后，从2019年开始，陈总启动了自有品牌的建设。前段时间，我们进行了相关的交流。我问："现在，自有品牌的产品已经占到了多少？"她说："家庭清洁类产品已经占到了60%，洗护类产品已经占到了40%。"接着，她又补充道："我做了自有品牌以后，现在可以妥妥地冲击每年5亿元的业绩了。"

自有品牌战略，本质是流程再造，重新定义。盒马、名创优品这些企业走的也是这样一条路。相信后续会有更多的企业选择自有品牌战略。从渠道商走向品牌商，这不仅仅是角色定位的变化，更需要对团队、流程、产品进行重新定义，尤其在选品、价格、服务这三个方面。我们需要怎样选品，怎样才能让自己的产品在价格上有竞争力，能够"打"出爆款？但凡能成为爆款的产品，都有一些共性，比如价格上一定要优惠，服务上一定要到位。因为我们的言行最后都会灌注到我们的品牌上来，累积我们品牌的势能。新商业化在拼什么？就是在拼选品，拼价格，拼服务。这样拼上去，那5亿元才能实现。

其实，但凡是企业，无论规模大小，都会面临一些困难考验。是就地躺平，还是要越过山丘，是每位企业家都要做出的关键选择。在这个时刻，企业家要有面对鸿沟的勇气，根据实际情况对企业进行战略聚焦、打碎重组、重新定义。

5. 选对路径，企业才能跨越鸿沟

不管是高歌猛进，还是晕头转向，不管是打碎重组，还是重新定义，生态繁荣才是企业经营的最终目标。当然，在这个过程中，企业遭遇的可能是一些小山头，需要战略聚焦；可能是一个大山丘，需要重新定义。这时，企业需要从自身实际出发，找到适合自己的方法（即选对路径）。

在这方面，瑞幸咖啡是个绕不过去的典型。与其他历史悠久的咖啡品牌相比，瑞幸咖啡是名副其实的"小字辈"，2017年10月才开了第一家门店。仅仅一年多的时间，就成功上市了。遗憾的是，因为遭遇恶意做空，它于2020年6月29日退市，业绩也大受影响。瑞幸咖啡在短时间内获得了极大的成功，在遭遇恶意做空后又迅速摆脱困境，跟它选择的经营模式有很大关系。

瑞幸咖啡在对咖啡传统经营模式和环节进行充分调查与研究后，认为原有的模式已经不能满足目前的顾客需求，于是组织了由数百人参与的技术团队，利用数字化和物流网技术，对咖啡传统经营中的各个环节进行了大刀阔斧的技术改造，开发了具有针对性的全套信息系统。这样一来，瑞幸咖啡不仅有了全新的商业模式，还成功打造出了"数字咖啡"的概念；不仅是一家咖啡连锁公司，还是一家优秀的数据

技术应用公司。

那么，这一全新的商业模式是怎么起作用的呢？在瑞幸咖啡的门店里，绝大部分的点单流程都是在App上完成的，这是瑞幸咖啡颠覆传统门店的第一步。其次，瑞幸咖啡的成本大幅低于传统门店的咖啡。一杯咖啡原材料的成本并不算太高，把咖啡豆、牛奶、砂糖、杯子等全部算下来，大概在4～5元。瑞幸咖啡2019年第一季度单杯成本约为13元，这其中包括了运营成本。咖啡传统门店的单杯分摊成本中租金大概占10元，瑞幸咖啡只需要1～2元。最后，瑞幸咖啡还使用了新的商业推广模式，成功地把获取新用户的成本从2018年第一季度的103.5元降到了2019年第一季度的16.9元。通过这些方法，瑞幸咖啡成功降低了总成本，在制定咖啡单杯价格时有足够的底气和对手打"价格战"。

截至2024年末，瑞幸咖啡全国门店数已突破2万家。这足以说明，在数字技术的加持和帮助下，之前的退市虽然有一些影响，但并没有彻底打败它。

这就是基于数字化的企业的魅力所在。后来很多品牌餐饮店都参考了瑞幸咖啡的数字化系统，改变了传统的管理模式。从瑞幸咖啡的例子中，我们看到了一个基于数字化的信息技术产生的新商业形态，为企业未来的战略管理提供了全新的发展方向。

无独有偶，新东方是另一个选对路径、跨越鸿沟的典型。2021年7月，"双减"政策的出台给教培行业带来了极大的影响。身为行业头部企业的新东方受到的影响非常大，股价大幅下跌，发展遭遇严峻考验。这时，创始人俞敏洪果断拿出资金投入到直播带货赛道，推动公司进行转型。仅仅一年之后，新东方在直播带货赛道就取得了出色的成绩，股价迅速回升，整个公司焕发出新的活力。

当然,瑞幸咖啡和新东方都是有技术、有经济实力的大企业,中小企业可能不具备它们那样的实力,但无须妄自菲薄。中小企业有自己的取胜之道,众能工程就是其中一个典型。

众能工程的温总是光华的学员。他从2018年开始创业,到2019年就把业绩做到了1亿元。2020年,温总主动进行了业务收拢:不做大项目,只做小项目;业务范围也从全国收缩到省内,企业的业绩也从1亿元变成了3000万元。但从2021年开始,企业业绩迅速回升,2021年达到1.2亿元,2022年达到2亿元。由此可见,主动的战略聚焦帮助众能工程走出了新冠疫情带来的客观影响,成功翻越了山头(如图2-7)。温总表示:"我们众能工程发展的大山丘,就是整体解决方案。我要让我的众能工程变成一个解决方案的平台。"

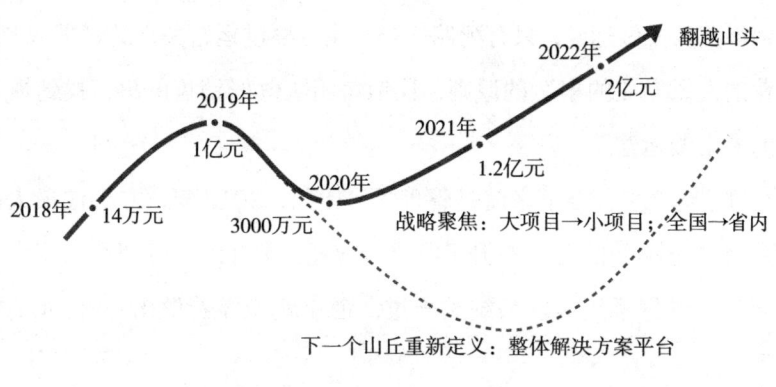

图 2-7 众能工程的"翻越山头"

综上,无论是大企业,还是中小企业,都要思考什么是自己的山头,什么是自己的山丘。毕竟,对于每一家企业来说,只有选对路径,才能跨越鸿沟,在前进的路上遇见更美的风景。

6. 企业发展要明确自身定位

企业在发展的前行道路上是要过很多关的。成立之初，企业要过的是业务关。10 个人以内的企业，老板要会做业务，老板的业务要能养活企业。如果老板的业务养不了企业，业务关就过不去，那还谈什么产品运营？谈什么管理？谈什么系统？谈什么战略定力？所以，企业发展的第一关是老板的业务关，第二关才是产品关。

有了好产品，企业就能越过一个山丘，到达一定的高度。然后，才是运营关。企业要做品牌，要做流量，要做包括客户、流量、内容、产品在内各方面的运营。此时，对运营人员的要求和对原来销售人员的要求很不一样。为什么很多企业跨不过鸿沟？很大程度上，就是因为他们让原来的销售团队去做运营。做销售的人并不一定懂得运营，非让销售团队去做运营，只有死路一条。企业要过运营关，最好采取"让专业的人做专业的事"的原则，让销售团队做好销售的事，找到懂运营的人来做运营。

过了运营关，接下来就是管理关。比如，2012 年，方洪波最大的贡献就是把美的的管理提升了段位。管理做好了，还得把所有工作协同起来，过好系统关。系统关一过，企业就能撑着做出 10 亿元的业绩了。

做出了 10 亿元的业绩之后，为什么有些企业又无疾而终，又被大山丘给挡住了呢？很大程度上，是企业创始人的战略定力出了问题。他们以为那些成功唾手可得，做企业如此轻松，然后就开始疯狂扩张。结果到最后，企业又走上了不归路。经营企业不易，必须要过一道又一道的关。

有时，某些电商企业或跨境企业还会遇到种种挑战：有流量的，供应链不行；有供应链的，流量不行；流量和供应链都可以的，老板不行……做企业没有十全十美的，永远有不如意，永远有坎坷，永远要过关。

有鉴于此，企业要实现自身的可持续发展，就要明确自身的定位。通常来讲，企业可以分为四种。

第一种，产品型企业。

产品型企业打造的是超级单品，这就需要创始人及其团队发扬极客精神，琢磨钻研，精益求精。能做出超级单品的人，都是像褚时健那样的人。

第二种，服务型企业。

服务型企业的核心是深挖超级客户。我们要真正了解客户需求，做出解决客户问题、让客户满意的方案。具体做法是，先做一个超级单品，做好了以后，就可以按照这一模式复制，做出第二个、第三个。

第三种，运营型企业。

运营型企业的核心是去做超级流量，天天琢磨平台的算法，去拼抢流量。不少中小企业都是运营型企业。那么，企业的流量从哪里来？这时就需要借助全域经营流量矩阵图了（后文有详解）。

通过全域经营流量矩阵图，我们可以得知，线上的私域流量主要集中在微信号、企业微信、公众号、SCRM（Social Customer Relationship Management，社会化客户关系管理）系统、小程序等平台，线下的私域流量主要集中在业务员电话邀约、客户线下转介绍等方面，线上的公域流量主要集中在抖音、阿里国际站、天猫、1688、视频号等平台，线下的公域流量主要集中在门店、展会、渠道商、生态业务伙伴等方面。

比如，在2022腾讯数字生态大会上，腾讯智慧零售时任副总裁陈菲就曾表示，在与腾讯合作的商家中，涌现出5个百亿、40个十亿这样量级的私域客户。这充分说明，微信号、公众号、企业微信、小程序等平台为腾讯贡献了大量的私域流量，并取得了可观的成绩。

要成为运营型企业，我们就需要明白自己的流量从哪里来，如何做到精准分析，如何让算法为我们所用。而全域经营流量矩阵图就是我们最好的帮手。它可以帮助我们熟悉每一个流量入口的流量路径，拼抢每一个流量入口的流量。

第四种，生产型企业。

生产型企业的特点就是不断提升效率。特斯拉就是企业中不断提升效率的高手，它在上海的工厂已经成为超级工厂。特斯拉的技术优势是国内很多企业不具备的。国内的生产型企业大多数数字化能力比较弱，很难在短期内成长为超级工厂。

需要注意的是，有些企业既是生产型的，也是运营型的。同样，有些企业主要是服务型的，也有可能会有运营型的功能。总之，很多企业都并非单一的定位，很可能是以上述四种类型的某几种组合的形式出现，只是侧重点不同。

比如，小米是一家典型的产品型企业，也拥有一定的运营能力。重产品＋适度运营是小米的一个厉害之处。近年来，小米的数百个单品在天猫、京东等平台上都获得了不俗的战绩，比如手环、空气净化器、净水器、插座等都成了超级单品。

戴森也是一家典型的产品型企业，也非常重视、深挖客户体验。创始人詹姆斯·戴森有句名言——我的字典里没有性价比。不讲究性价比，讲究让客户欲罢不能是戴森自成立之初就奠定的基因。

詹姆斯·戴森是个重视体验的人。1978年的一天，他家的吸尘器坏了。经过检查，詹姆斯·戴森发现，是集尘袋的某个零件出了问题。于是，他把问题反映给商家。商家建议他多买几个集尘袋备用。这让他感觉不适。就这样，詹姆斯·戴森决定研发一种不用集尘袋的吸尘器。5年下来，詹姆斯·戴森失败了5126次，终于在第5127次尝试时获得了成功。这款吸尘器让同样苦于集尘袋的客户欲罢不能，成了超级单品。

从此，超级单品+让客户欲罢不能成为戴森的特色，容易触发客户敏感神经的性价比反而退居次席。熟悉戴森产品的人都知道，他们的产品并不便宜。戴森吹风机基础款定价2000元左右，戴森卷发棒基础款定价在3000元左右，比同类产品要贵上好几倍。可正是因为戴森能解决客户的痛点，购买该公司产品的人还是络绎不绝。

7. 跨越鸿沟要懂得与时俱进

如今已经进入了数字化时代，短视频和直播在我们的日常工作和生活中扮演着越来越重要的角色。对于企业运营而言，更是少不了短视频和直播的参与。无论是做To B（To Business，面向企业）的企业，还是做To C（To Customer，面向消费者）的企业，要开启新商业打法，都要积极完成"4个一定要"。

所谓"4个一定要"，就是一定要做短视频，一定要做直播，一定要做"种草"，一定要做私域。说到"种草"，有两类平台可以选：一类是主要面向C端用户的小红书等，另一类是主要面向B端用户的百度等。企业在选择"种草"的平台时，可能会选择其中的一类，也可能两类都选。只有先去"种草"，才有机会到私域"拔草"。对于企业来说，"种草""拔草"缺一不可。

要完成"4个一定要"，就需要从"4个1000"开始。所谓"4个1000"，就是1000个短视频、1000小时直播、1000篇"种草"文章和1000个高质量的私域粉丝。

很多人跟我讲："方老师，我的视频号、抖音号做不起来呀，短视频和直播怎么也没人看啊？"我就问他："你一天发几个短视频呀？"如果一个星期才发一个，那你可能很难做到起号。如果一天发一个短视频，那什么时候能发到1000个？别忘了，这1000个仅仅是开始，做得好的至少都是要发到1万个。

比如，我注册的视频号有10个，抖音号有10个，快手号10个，小红书号有10个。除此之外，我还有其他自媒体账号。现在我每天每个账号要发5条短视频，一天下来，至少也得发上百个。如果连一天发100个短视频都做不到，就不要再抱怨了。毕竟，没有毅力，下不了苦功夫，哪来的人气？又怎么能有好业绩？

除了重视发短视频的数量，企业还要重视自媒体账号。一家企业不可能只做老板（创始人）的IP号，还要做品牌的IP号、达人的IP号、专门的产品营销号等。并且，我们还需要把前述账号分门别类地管理起来，形成账号矩阵。胡雪岩说："做生意，先要做名气。名气一响，生意就会热闹，财宝就会滚滚而来。"账号矩阵起的就是打响名气的作用。

当然，账号矩阵要发挥作用，离不开短视频、直播、"种草"文章、私域粉丝的加持。现在做直播，我们需要注意三个数据，它们分别对应平台所强调的三个重点。

第一个数据，人均停留时长。

这是最核心的。人均停留时长背后的逻辑是内容。内容是王道，只有高质量的内容才能让人均停留时长增加。只有人均停留时长做好了，做其他的才有价值。内容是1，其他的全是0。内容做得不好，其他的做得再好都没用。

第二个数据，同时在线人数。

同时在线人数代表的是运营能力。直播预约人数是多少，把其他平台的粉丝吸引过来多少……这些都是运营能力的体现。至于什么时候发福袋、什么时候抽奖等，考验的是主播的运营技能。

第三个数据，加粉丝团的人数。

只有加入粉丝团的人，才真正变成了企业的铁粉。对铁粉需要用"价值"来吸引，增加黏性。原来讲的是用户规模，是"流量"；现在讲的是用户时长，是"留量"。今天已经变成"流量+留量"的时代，只有双管齐下，我们才能够真正实现对企业的新商业发展之路赋能。

"留量"的出圈也意味着整个时代从人口红利走向了人心红利。人心红利就意味着我们要认真思考消费者的属性，了解他的兴趣在哪里，他的爱好在哪里，他的价值观是怎么样的，他有什么样的梦想，并对这些进行分析、归拢，这样才能与时俱进，才能跨越鸿沟，才能做出更有价值、更能吸引消费者的新商业品牌。

2024年12月23日，淘宝照例公布了本年的年度商品榜单，丑鱼拖鞋、太空船票、一级能效空调、无边抱枕、谷子、蕉绿绿植、"不要脸"防晒服、打工人立牌、数字卡券、黑神话悟空概念商品等十类商品入选。

这十类商品，有的我们很熟，有的我们可能根本不知所云，需要查询一些相关资料才能了解其真实含义。既然如此，大家为什么还要买呢？很多人买，是为了融入这个时代。

企业也是一样。与时俱进、充满激情、积极进取从来都应该成为企业的底色。亚马逊有个非常棒的企业文化，叫作DAY 1文化。DAY 1文化由创始人杰夫·贝索斯（Jeff Bezos）提出，旨在让公司始终像创业第一天那样充满活力和创新精神，核心在于持续创新、客户至上、关注长期价值，并勇于颠覆传统。在贝索斯看来，还有很多东西有待发明，会有很多新的事情发生，人们还不知道互联网会有多大的影响力，而且还只是一个大的开端。

我们离巅峰还很遥远，未来会有很多美好的事情即将发生。

DAY 1意味着充满激情，积极进取；DAY 2则代表故步自封，抱残守缺。所以，无论是创业，还是经营企业，都一定要保有DAY 1的状态。遗憾的是，现在有些人已经丧失了初心，深陷故步自封的状态中，他们旗下的企业已经出现业绩下滑、衰退的情形。如果不及时调整，它们一定难逃崩溃的厄运。

如何让自己、让团队一直保持DAY 1的状态呢？可以从以下四个方面入手。

第一，坚持客户至上。

华为始终坚持以客户为中心，就是这个道理。

第二，抵制教条。

不要循规蹈矩，鼓励冒险。

第三，拥抱趋势。

只有拥抱趋势，才有预见未来的可能性。

第四，高效决策。

不要左右徘徊，不要犹豫不决。最后取得成功的人干脆利索，更多普通人会犹豫不决。高效决策就是任正非所说的"方向大致正确"，不要搞精准，不要搞强迫症，不要搞绝对正确，觉得成功率能达到百分之六七十，差不多就可以决策了。否则，可能会错过机会，甚至永远错失先机。

当然，对于企业来说，与时俱进不仅意味着要融入时代，还意味着要正视自己与行业头部企业的距离。以互联网企业为例。2024 年，苹果公司的净利润约为 973.36 亿美元（约合 7065.33 亿人民币），谷歌的净利润约为 1001.18 亿美元（约合 7267.17 亿人民币），微软的净利润约为 972.6 亿美元（约合 7059.71 亿人民币），而在已经公布 2024 年成绩单的中国互联网企业中（截至 2025 年 3 月 24 日），腾讯以净利润人民币 1940.73 亿元排在第一位。

同是 2024 年，苹果公司拿下了全球智能手机市场 18.7% 的市场份额，赚取了整个市场超过 80% 的利润。它还拿下了多国智能手机市场的第一名。

············

通过这些数据，我们可以看出，苹果公司这样的企业才是真的赚钱。与之相比，我国的互联网企业在获取净利润方面还存在不小的差距。这是在更高维度的竞争。我国企业在这方面究竟存在什么问题，这是非常值得我们深思的。

作为我国目前最活跃的平台之一，抖音开启了与腾讯、阿里、美团的 PK。光就本地生活来讲，2022 年 1 月才入局的抖音表现非常抢眼。据权威调查机构的统计，2023年，抖音本地生活的总交易额已经接近美团的1/3，达到2000亿元；抖音本地生活的整体平均核销率为20%，美团的则为40%~50%。2024年，抖音本地生活的总交易额已经超过美团的1/2，达到5600亿元；抖音本地生活的整体平均核销率为50%左右，美团的则为80%左右。虽然跟美团相比暂时还有距离，但消费者对抖音的认可度大大增加了。

众所周知，抖音是我国最早提出"兴趣电商"概念的平台，兴趣电商主要玩的是算法，推荐为主+搜索下单。采用搜索下单方式的电商，我们一般称之为货架电商。目前，抖音已经从兴趣电商升级为全域兴趣电商，对货架电商进行了一定程度的融合。美团、阿里等属于典型的货架电商，强调理性消费，消费者主要通过搜索的方式去检索自己想要的商品，货比三家后下单购买，算法推荐的倒在其次。目前，它们也对兴趣电商进行了一定程度的融合与布局。

目前，整个商业平台实际上是感性和理性在PK。我们无法判断未来谁一定会赢，谁一定会输。感性和理性是阴和阳的关系，有阴就有阳，有阳就有阴，阳会渗透到阴，阴会渗透到阳。未来的经济一定是朝着融合的方向迈进。

在这个过程中，大家都在不断地分级分层。站在To B的角度，商家分为核心商家（KA）、重点商家（SKA）、顶层商家（GSKA）三类；站在To C的角度，客户可以分为消费者（C）、会员（M）、关键意见客户（KOL）、业务伙伴（BP）[①]等多类。这就要求我们一定要明确自己的

[①] 本书中有两种含义不同的BP，此处一并解释。Business Partner，简称BP，意为业务伙伴。Business Planning，简称BP，意为年度规划/年度业务规划。

定位，一定要把客户区隔开来，区别对待。这是目前商业形态中一个非常重要的特征，也是企业跨越鸿沟前的一个重要参考。

企业要跨越鸿沟，第一要有勇气，第二要重新定义。我们必须要懂得与时俱进，预见到未来的可能，用更高维度的理念和技能来重新定义。但是，也得注意"板凳要坐十年冷"，要坚持长期主义，能经得住低谷的考验。

■■■■ 科学经营曲线助力企业重新定义，穿越虚实

1. 实体经济和虚拟经济的融合是未来发展的方向

日常生活中，人们习惯把经济分成实体经济和虚拟经济两大类。在他们看来，开家工厂属于实体经济，经营抖音店铺属于虚拟经济。最近，中央经济工作会议和国务院常务会议陆续释放信号，要加大力度支持平台经济发展。一时之间，平台经济成为业界关注的焦点。到底什么是平台经济？它和实体经济、虚拟经济有什么关系？在企业未来的发展中，实体经济和虚拟经济到底还有没有用武之地？

说起来，"平台经济"的提法最早出现在2018年的政府工作报告

中。所谓平台经济，是指以互联网为平台提供各类生产生活服务的经济活动总称。平台经济是实体经济和数字经济深度融合的重要载体，对促进创新创业、推动产业升级、培育发展新动能具有重要作用。由此可见，平台经济并非独立于实体经济和虚拟经济之外的第三种新型经济。企业未来的发展还会继续跟实体经济和虚拟经济发生关系，而且可能是强关系。

明确了这一点，我们再来看目前的实体经济和虚拟经济都是什么样的。从前文提及的人们对实体经济和虚拟经济的认知中，我们不难看出，人们对它们的理解呈现出"实得要死，虚得要命"的倾向。而且，还一度把在阿里、腾讯、抖音等平台上进行经营的电商企业一律归入虚拟经济。现在，我们知道这样的认知是有问题的。

按照权威定义，实体经济是指一个国家生产的商品价值总量，是人通过思想使用工具在地球上创造的经济，包括物质的、精神的产品和服务的生产、流通等经济活动，包括农业、工业、交通通信业、商业服务业、建筑业、文化产业等物质生产和服务部门，也包括教育、文化、知识、信息、艺术、体育等精神产品的生产和服务部门。

虚拟经济是指相对独立于实体经济的一种虚拟资本独立化运动和价格决定的经济形态。其本质内涵是虚拟资本以增值为目的进行独立化的权益交易，主要是指信用制度膨胀下金融活动与实体经济偏离或完全独立的那一部分经济形态。

进入数字化时代后，实体经济和虚拟经济呈现出一些新的特点，有时让人难以分辨。我有个简单的分辨方法：只要是"薅"实体经济（按照权威定义）"羊毛"的，就是虚拟经济；只要是赋能实体经济（按照权威定义）成长的，就是实体经济。

比如，现在的金融行业大多属于虚拟经济，但能贷款给中小型民营企业、帮助中小型民营企业发展的那部分，就妥地属于实体经济。

再如，茅台集团属于实体经济，茅台生态则属于虚拟经济。为什么这么说呢？我们以飞天茅台为例。每瓶飞天茅台的成本在70元左右，出厂价是969元，销售建议零售价是1499元，而市场价卖到3200元，甚至更高。从零售价到市场价，增加了差不多1700元，远远超出了它的价值所在。这样看来，"茅台集团属于实体经济，茅台生态则属于虚拟生态"的观点，所言不虚。

虽然大家都知道，实体经济始终是人类社会赖以生存和发展的基础，是我国经济发展的根基，是财富创造的源泉，但我并不认为，未来发展的都是实体经济。就算未来发展的都是实体经济，也不可能回到原来的那些实体经济，而是回到一种能产生更高产能、效能的实体经济。尽管这种假设并没有成真，但实体经济与数字化时代特点的结合已经崭露头角，中央经济工作会议等大力提倡平台经济就是最好的证明。

最近几年，很多行业的从业者都在大倒苦水，纷纷表示生意太难做了。以餐饮行业为例，短短几年时间内就从300多万家企业发展到1696.13万家（截至2025年3月），用流行语来讲，就是"卷"得厉害。试问，这种情况下，哪家企业能好做？更何况餐饮行业只是诸多行业的一个缩影。

如今，很多行业都呈现产能严重超过需求的状态。在后续的发展中，为数众多的企业必然会在越过山丘、跨越鸿沟的过程中遭遇失败，大量的实体经济必然会消失。对于很多中小型民营企业来说，虚拟经济或许就是个入口，是能越过山丘的真正支撑。

当然，我们也要小心在虚拟经济发展过程中那些已经偏离了主航道的做法。比如，一个人开了一家水果店，却不是靠卖水果挣钱，而是要在虚拟的部分做文章。这就要注意水果与虚拟部分的关系，如果不能像飞天茅台那样，很可能就会出现问题。

那么，对于企业来说，在未来发展的路上，到底是选择实体经济，还是选择虚拟经济呢？这需要从企业自身实际出发，同时还要兼顾外部环境的变化。

目前，我国已经进入了数字化时代。这是互联网发展的第三个阶段，即 web 3.0 时代。到了这个阶段，互联网在互动方式、媒介、组织形式、基础设施、控制方式等方面较以往都发生了很大的变化（web 3.0 时代与之前的区别详见表 2-1）。

表 2-1 web 1.0 时代、web 2.0 时代、web 3.0 时代的区别

演变形态区别	web 1.0时代	web 2.0时代	web 3.0时代
互动方式	阅读	读写	读写与拥有
媒介	静态文本	互动内容	虚拟经济
组织形式	公司	平台	网络
基础设施	个人计算机	云端与移动设备	区块链、云
控制方式	去中心化	中心化	去中心化

1994 年 4 月 20 日，中国通过一条 64K 的国际专线全功能接入了国际互联网，这标志着我国正式进入了互联网时代。这个阶段属于 web 1.0 时代。此时的互联网代表性企业有百度、雅虎、新浪等。遗憾的是，我们只能通过互联网阅读，既不能编辑，也实现不了交互。

2005 年，我国进入了 web 2.0 时代。此时，互联网有了交互功能，

用户之间可以互动了。而且，用户不再是被动的信息接收者，而是成为内容的参与者和创造者。遗憾的是，这个阶段有个致命的缺点，就是用户的数据是平台说了算，平台掌握了数据和内容。

2010 年，我国进入了 web 3.0 时代，并于 2023 年实现了爆发式增长。这个阶段的最大特点就是用户对数据、内容拥有控制权和所有权。也就是说，我发布的、创作的内容归我所有；怎么挣钱，我跟别人怎么分配，我说了算。这就决定了 web 3.0 时代会在一定程度上革掉现有平台的命。这也是未来互联网发展的方向。

未来是一个去中心化的、区块链的时代。也许有人会问：如果我今天仍然对做实体经济充满信心呢？未来还有机会吗？这没有问题，当然可以去做，只是需要注意，一定要通过数字化的赋能来提高企业的核心竞争能力，提升企业的经营效率。这只是企业发展方式的一种。对于一部分企业来讲，互联网乃至虚拟经济可能才会为它们带来大量的商业机会。

与此同时，一些以电子数据形式存在的东西将会成为企业和个人资产的重要组成部分，我们可以将其称为数字资产。每家企业或每个人在互联网上创作的内容，乃至于在互联网上所形成的数据，就变成了企业或个人的数字资产；每家企业或每个人在互联网上都有一个属于自己的数字身份，都可以利用该身份来创造商业价值。

目前，元宇宙已经进入实践阶段，并正在逐步落地。在元宇宙中，每个人都可以拥有自己的数字分身，且不止一个。到时，我们可以运用自己的数字分身在不同的平行世界里通过各种方式不断赚钱，并在现实中把赚来的钱用于消费或者经营企业。这样一来，我们在经营企业时就成功实现了实体经济和虚拟经济的融合。这不仅重新定义了企业，还为企业提供了未来发展的方向。

2.牛顿式管理和量子式管理的融合是组织管理方式发展的方向

web 3.0 时代不仅是数字化时代的重要组成部分，还是数字化时代未来发展的方向。随着 web 3.0 时代的进一步发展，AI 正在逐步深入人们的工作和生活，其中以 ChatGPT 等语言大模型和数字人最为抢眼。

我在 15 年前就想搞一个"智脑"，因为我推定，人类的本脑是不够用的，这就需要有一个"智脑"来帮我们解决问题，跟我们一起干，所以当时我就注册了一个商标叫"智脑"。ChatGPT 就是一个"智脑"，而且现在已经是 4.0 版本，等它不断升级，很快就能代替人的很多工作。

有一天晚上，我跟 ChatGPT 聊了 3 个多小时，聊的内容包括人生哲学、历史、武侠小说等等。我发现 ChatGPT 懂的东西很多，体验比跟没有语言大模型加持时期的小爱同学、Siri 聊天要好（当然，现在小爱同学跟 Siri 也用语言大模型武装了自己）。没有语言大模型加持时，小爱同学、Siri 的水平跟幼儿园小朋友的水平差不多，ChatGPT 已经到了大学本科生的水平。当然，ChatGPT 还是有一些方面需要加强的，有时候也会答非所问。

ChatGPT 可以帮助人们写文案、写代码、写文章、编剧本、做翻译、策划文案、做售后、做作业等等。比如，一家外贸公司需要给国外的客户写一封沟通邮件，负责写该邮件的员工就可以找 ChatGPT 帮忙，

ChatGPT写的水平可能比真人亲自撰写的还高。更重要的一点，我们还可以对ChatGPT提出修改的要求，ChatGPT则会根据我们的要求不断地进行修改，直到我们满意为止。

ChatGPT为什么会如此智能呢？因为它的开发团队让它学习了多达1530亿的数据量参考。而且，ChatGPT的数据参考量还在一直增加，所以它的智商一直在提升。几年之内，它很可能会从大学本科生的水平提升到博士生的水平了。当然，ChatGPT只是语言大模型中的一种，其他语言大模型的原理跟它是极其类似的。

再来看数字人。近年来，数字人也越来越多地出现在企业经营和大型展会等场景中，为组织活动提供了新的可能，甚至重新定义了组织。目前，比较知名的数字人有万科的崔筱盼、国家体育总局冬运中心的观君、招商局的招小影、浦发银行的小浦、科大讯飞的爱加等。他们的出现可以更好地服务广大用户。跟语言大模型一样，数字人也有一个逐渐学习的过程，因此可能也会出现答非所问等情况。

作为数字化时代的重要引擎，AI不仅为企业和个人提供了更加便利的服务，还为企业重新定义、穿越虚实提供了技术准备和实践工具。这是新时代带来的新变化。同样地，新时代也让企业的组织管理方式发生了翻天覆地的变化。

目前，常见的企业管理方式有两种：牛顿式管理和量子式管理。二者存在显著的不同，主要体现在以下几个方面。

牛顿式管理总是把公司看成一台机器，量子式管理则把公司看成生命体。

牛顿式管理具有强组织属性，量子式管理则具有自组织属性。

牛顿式管理是自上而下的，重视制度、流程；量子式管理是自下而上的，重视机制、文化。

牛顿式管理注重管控、计划、指挥，量子式管理注重关系、意义、信任。

牛顿式管理属于集中式管理，以还原论为指导思想；量子式管理属于分布式管理，以系统论为指导思想。

…………

举个例子。董明珠说："要么全力以赴地干，要么早点滚蛋。在任何一个位置混日子，迟早会有人拿你开刀。你要明白，做企业不是做慈善，如果你愿意被慈善，我建议你去要饭。"这段话表现了该企业家在工作态度方面的观点。该观点虽然可能会引发一定的争议，但确实是牛顿式管理的显著代表。

任正非说："我们不能提高员工满意度，因为员工不是客户，否则就是高成本。员工需求是分析、归纳、调研出来的，只提供基本保障，规则就是市场货币化。"这段话明确地告诉大家，提高员工满意度是一个伪命题，我们要提高的只有一个点，就是客户满意度。客户满意了，回来再改善员工待遇，改善工作环境，员工自然而然就满意了。所以，我们根本无须考虑员工满意度，要考虑的是员工敬业度，对客户才考虑满意度。这也是牛顿式管理的典型代表。

不过，格力和华为并非单纯的牛顿式管理，前者是80% 牛顿式管理 +20% 量子式管理，后者是70% 牛顿式管理 +30% 量子式管理。以牛顿式管理为主的还有比亚迪，比亚迪是90% 牛顿式管理 +10% 量子式管理。与此同时，一些相对年轻的企业则采取了以量子式管理为主的组织管理方式。比如，字节跳动是70% 量子式管理 +30% 牛顿式管理，网飞是90% 量子式管理 +10% 牛顿式管理。

进入 web 3.0 时代后，单纯采用某种组织管理方式的企业逐渐变少，大部分企业都采取了牛顿式管理和量子式管理结合的方式，只不过企业不同，二者的比例也完全不同。在柯林斯看来，高瞻远瞩的公司不受非此即彼的两分法的限制，而是用兼容并蓄的方法让自己跳出这种困境。可以说，有效管理的一切都是把握度量和尺度的问题。其中，度量是牛顿式管理讲的颗粒度，是偏实的；尺度是量子式管理讲的火候，是偏虚的。这是实体与虚拟的完美融合，也是新时代给企业的组织管理方式带来的新变化。

与此同时，牛顿式管理与量子式管理的融合也是企业发展的必然要求。德鲁克认为，管理的本质是对人的管理，管理的核心在于激发和释放每一个人的善意，尊重他人，尊重自己，从而创造价值，为他人谋福祉。随着 95 后、00 后陆续进入职场，企业中的新生代员工变得越来越多。这时，问题来了。

有一个英文单词叫 ego，译成中文，是"自我"的意思。还有一个流行语叫 emo，最初它的中文释义比较庞杂，有人认为是一种情绪化的音乐风格，有人认为是情绪激动的简称，后来经过互联网传播使用最终成为"丧""忧郁""伤感"的代名词。对于企业管理者来说，如果你不能保护好新生代员工的 ego，新生代员工后面就会出现 emo。要让新生代员工不 emo，就得保护他们的 ego。"自我"已经成为当今时代的新伦理之一。不少企业管理者面对的最大问题就是保护不了新生代员工的 ego，激发不了新生代员工的 ego，以至新生代员工很容易 emo。

除去容易 emo，企业管理者还必须面对员工中越来越多的"精神离职"的现象。一些员工认为，既然物理离职不允许，就要把精神离职搞起来。精神离职者主要有以下几个方面的表现。

第一,停止对工作的责任感。因为他们认为,工作太累就是因为自己对工作太负责。

第二,划清工作与生活的界限,下班后、休息时一律不理工作。

第三,不在意领导和同事对自己的评价,别人对自己的评价不代表自己的价值。

第四,不害怕犯错,认为工作就是出现问题、解决问题。

第五,抱着大不了被开除的心态工作。你开除我,我就等着拿赔偿走人。

如果一家企业有超过半数的员工都是这种精神离职者,它的发展前景就可想而知。即便是身经百战的企业家,也会难以应对。那么,当新生代员工时不时 emo,当精神离职者在企业员工或团队成员中占比越来越高时,我们该怎么办呢?答案就是学会跟年轻人达成一致,跟上他们的节奏,最起码也要对他们的流行文化有所吸收,同时采取牛顿式管理 + 量子式管理的方式,二者的比例根据企业的实际情形来确定。

尤其是创业者,他们中的大多数可能都是以牛顿式管理为主的。现在要走向牛顿式和量子式管理融合的管理模式,而且量子式管理比重可能会越来越高,这就是未来的一个发展趋势。

值得注意的是,组织管理方式的变化会直接影响企业对于经济形态的选择。到底是选择实体经济,还是选择虚拟经济呢?或者选择实体经济和虚拟经济的融合?我们最后发现,还是要去制造"涌现"(制造涌现的方式如图 2-8),去制造个体与自组织行为的发生,让那些美好的事情能够在组织面前自然而然地发生或涌现出来,而非出现大面积的精神离职，否则将会对整个组织的效率形成巨大的打击，使企业失去重新定义、穿越虚实的机会。

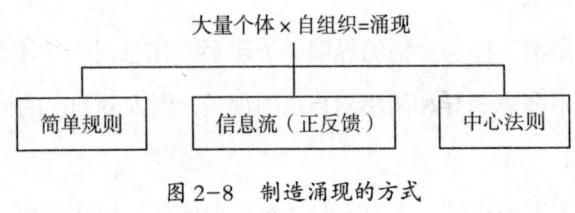

图 2-8　制造涌现的方式

3. 虚实融合，重新定义成就新赛道

　　万事利是中国民营 500 强企业，1975 年创立，到现在已经有半个世纪的历史了。它在发展遇到瓶颈时，选择用文化去重新定义丝绸，用高科技去重新定义文化丝绸。当时，万事利的做法很少有人看好。结果，万事利没有没落，没有崩溃，它成功地跨越了鸿沟，穿越了虚实，走出了一条新丝绸之路。用万事利现任掌门人李总的话说，就是"跳出丝绸做丝绸，重构丝绸新认知，重新定义丝绸之'美'，所想即所见，所见即所得（所得即虚拟与现实）"。

　　万事利是杭州最早做数字产品的企业中的一员。企业旗下的数字产品种类众多，琳琅满目，价格从 9.9 元到 1000 多元不等。万事利还专门做了一个平台，叫"西湖一号"。有人下单了，他们就用 AI 来进行创意设计。此外，他们还支持一键线下定制。消费者可以让虚拟当中的元宇宙跟自己一起完成丝绸设计作品。这样一来，消费者不仅通过万事利提供的平台完成了一个数字产品，还可以把该产品通过万事利的工厂变成实物。据不完全统计,迄今,万事利已经卖出去了20多万份数字产品。

目前,万事利已经在创业板上市,真正完成了越过山丘的旅程,也真正实现了数字与实物的虚实融合。

躺鹿露营是光华的会员企业,创始人朱总以前从事健身行业,后来,果断转换赛道,重新定义了创业版图,投入露营行业。目前,他在浙江已经建立起3个露营基地。朱总认为,露营是一种以乡村为主题的美好生活方式,表面上是逃离都市,亲近山水,实际上还是人与人的一种社交方式。

不少女性很喜欢这种社交方式,她们通常会选择周末约闺密到郊区的露营基地,一待就是两天。这样一来,她们不仅可以近距离地接触大自然,拍出很多唯美的照片,还可以跟自己的闺密倾诉心事,做一些心与心之间的交流。久而久之,单纯的露营就会慢慢形成露营经济。

近几年,"围炉煮茶"非常流行,尤其是在冬天。这个创意源自文人雅趣,不过文人雅士围炉煮的是酒。唐朝著名诗人白居易就向友人刘十九发出了邀请:"绿蚁新醅酒,红泥小火炉。晚来天欲雪,能饮一杯无?"现在的围炉煮茶,玩的其实就是社交。这是一种新的生活方式。"平日靠咖啡续命,周末靠纯茶养生",玩的是精神与场景的虚实融合。

....

在数字化时代的新经济发展过程中,不管企业发展的是实体经济,还是虚拟经济,未来的核心都在于融合,而不是对立。

▪ ▪ ▪ ▪ 科学经营曲线助力企业超越自我，穿越周期

1. 保持开放，避免情绪化决策

20 世纪 20 年代，现代企业制度确立。100 年来，企业发展的外部环境发生了重大变化，企业的生存策略也随之不断发生改变。100 年前，我们讲的是分工。100 年来，我们逐渐从分工的基础上走向了合作合伙。进入 web 3.0 时代之后，我们更是开始从合作合伙向以"共"为特色的生态过渡。比如，我们的社群叫"共创会"，我旗下有个品牌叫"共同体"。包括医生也在讲，我们的时代将是一个与病毒长期共存的时代。共创、共建、共赢、共享、共存、共生、共同……这是个"共"

的时代。

当然，这还是一个兼容并包的时代，分工合作合伙并没有因为"共"的出现而消失。从分到合，从合到共，既分又合还共，这才是我们这个时代的特点。身为这个时代的一员，我们必须要超越自我。因为不超越自我，怎么"共"得起来？不超越自我，所有的合作都会成为问题。没有利他心，还是以自我为重，更加谈不上"共"这个概念。

光华的学员凌总是中博家居的接班人。中博家居之前是专营装修业务的。凌总对于企业的发展有着清醒的认识，他说："传统的纯装修公司都会'死掉'。（如果）中博不变也一样。家居综合体（中博家居广场），让我们从只做装修到做家装全案，流量交叉，效益综合，把生态效应发挥到极致。"

这充分说明凌总看到了企业发展的瓶颈，要想越过可能导致企业"死掉"的鸿沟，就需要换一个玩法，对企业进行重新定义。他必须要重新定义装修，企业才能活得下去。否则，企业可能就会像很多纯装修公司一样"死掉"。

基于这个思路，凌总带着团队做了中博家居广场。这里不仅提供装修服务，还卖沙发、家电、窗帘等。通常，大家准备装修时，不仅会联系装修公司（有时还会参观样板间），还会看家具、家电、窗帘等。此前，中博家居的设计师在帮助顾客设计装修方案时，还会为顾客推荐相关家具、家电等。比如，"你买西门子的厨具吧""小米的电视机比较适合你家客厅"……现在他们不用推荐别人了，给顾客提供的都是全案装修方案，顾客家中所需的家具、家电等一次性配齐，并且价格公道，尺寸到位。就这样，中博家居顺利地从纯粹的装修公司转型为提供家居生态的公司，在为顾客提供更全面、优质服务的同时，也实现了营收和纯利润的双双上扬。

中博家居正是以利他之心对自家业务进行了重新定义，从而与顾客实现了共赢。共赢不仅应该出现在企业与顾客之间，还应该出现在企业内部人员之间、企业内外部人员之间、企业与企业之间。

任正非在华为内部交流时，就曾提到："我们要做好开放交流，铲除一切阻挡我们开放的人。只要有保守思想的人，说话吞吞吐吐，就难吸收别人的能量改进自己。保守不开放、护犊子不让走的部门，虽然保住了这个部门的力量，但阻扰了别人的进步，反而是怨声载道。干部是任期制，到期就要离开这个岗位，你建'封建堡垒'有什么用？"这种开放交流不应该仅仅限于企业内部。我们要想尽一切的办法去开放，不要建"封建堡垒"。

2022年3月1日，快手切断了与淘宝、京东的外链，又于同年10月31日恢复了与淘宝、京东的外链。2022年12月9日，华为和OPPO宣布签订了全球专利交叉许可协议，该协议覆盖了包括5G标准在内的蜂窝通信标准基本专利。2024年"双十一"，阿里、腾讯、京东实现了合作，物流支付系统互联，预售提前了10天。……这都是"要做朋友，不要做对手"的明证。

不同于上述企业的强强联合，杜蕾斯采用了收购的方式。2017年，当时全球最大的避孕套生产商杜蕾斯以179亿美元收购了当时全球最大的奶粉制造商美赞臣。这次收购生动地演绎了什么叫风险对冲：要么今天用我们的避孕套，要么10个月以后用我们的奶粉。有热心的网友还为它们创作了新的广告词——"那些没有被我们挡住的小孩，我们负责养大"。实际上，杜蕾斯的真实目的就是以开放的精神打造更大的生态。

华为则通过"一杯咖啡吸收宇宙能量"的开放文化，完成了企业内外的合作、共赢。

任正非本人对这一文化有独到的见解："一杯咖啡吸收宇宙能量，并不是咖啡因有什么神奇作用，而是利用西方的一些习惯来表述开放、沟通和交流。你们进行的普遍客户关系，投标前的预案讨论、交付后的复盘、餐厅的交头接耳……我都认为在交流，吸收外界的能量，在优化自己。形式不重要，重要的是精神的神交。咖啡厅也只是一个交流场所，无论何时、何地都是交流的机会与场所，不要狭隘地理解形式。"

为了践行该文化，华为对内、对外都采取了相应的举措。

对内：创建了心声社区，鼓励员工互相发声。心声社区是华为内部员工的"罗马广场"，是大家交流的平台。

对外：创建了创新研究计划（HIRP）。孟晚舟将它形象地比作"为全世界的高校和科研机构构建了一个虚拟的咖啡吧"。在她看来，在这里，可以交流思想，可以分享技术，也可以跟华为谈合作；在这里，可以谈理想，也可以谈现实；在这里，可以谈客户需求，也可以谈技术创新。创新研究计划旨在广泛吸收高校与科研机构的优秀思想，共同实现重大技术创新突破，让科学家及顶级技术专家，在咖啡吧里面探索，预测哪些技术将来会变成现实的商业价值。

"一杯咖啡吸收宇宙能量"，自提出以后，其影响力已经超出了研发体系，成了华为全面开放文化的思维符号。咖啡本质是一个符号，是华为下决心全球化的符号。咖啡文化的精粹——开放、平等、包容，也以润物细无声的方式逐渐融入了华为在全球的每一家分公司，进入全球的每一个角落。"一杯咖啡吸收宇宙能量"是华为包容性和开放性的象征。

此外，企业的开放性还体现在商品的生产制造中。以 iPhone 手机为例，它的设计在美国完成，但芯片、内存、CPU、显示屏等大部分在中、日、韩三国生产。iPhone 的成功实际上就是生态的成功。

保持开放是当代企业超越自我、穿越周期的必备动作。腾讯创始人马化腾就明确表示："如果我们再不开放的话，那基本上可以说是一棵大树底下寸草不生，我们自己也走不远。……我们在行业的发展过程当中，我们的责任转化成如何为整个生态开放出来，这样才有长期的发展。"

需要注意的是，企业保持开放，非常考验老板的格局，尤其是中小型民营企业老板跟创业者的格局。有的人很奇怪：分钱的时候，他的格局就小；讲战略的时候，他的格局一下子又大得不得了，让人有一飞冲天之感。企业明明已经大额欠债，自己每年依然领着高年薪。说起来就是一腔热血、全凭情怀做实业，实际上毫无用途。企业走着下坡路，甚至已经到了崩溃的边缘，除了打包卖掉，他没有任何办法。谁让他已经被悲观和焦虑压垮了呢？

被悲观和焦虑压垮，所以不得不卖掉企业，这会引来不少人的同情，可同情并不能掩盖情绪化决策的实质。不仅如此，情绪化决策还会加重企业本来就有的危机，影响企业穿越周期，超越自我。

为什么有人会做出情绪化决策呢？这跟相当一部分人，甚至大部分人容易陷入悲观情绪有很大关系。《事实》一书精选了一些关于常识的测试题，测试结果很能体现人们的悲观特质。大家不妨自测一下。

1.在全世界所有的低收入国家里面，有多少百分比的女孩能上完小学？

  A.20%   B.40%   C.60%

2. 1996年，老虎、大熊猫和黑犀牛被列为濒危动物，那么请问今天这三种动物中的哪些还是濒危动物？

    A. 全部都是   B. 其中一种   C. 全都不是

3. 在过去的100年间，死于自然灾害的人数是如何变化的？

    A. 几乎翻倍   B. 保持不变   C. 几乎减半

4. 现在全世界有多少一岁儿童接种过疫苗？

    A. 20%   B. 50%   C. 80%

以上这些题目正确的答案分别是：

1. C；

2. C；

3. C；

4. C。

看完答案之后，你会不会有一种如释重负的感觉呢？原来，这个世界没有那么令人悲观呀！相当数量的人比较悲观，也就意味着，这部分人在日常决策中很容易进入一种莫名其妙的情绪化决策状态中。他们如果是企业的执掌者，就很容易在企业陷入困境时做出不理智的决定。

要想带领企业一路勇敢前行，就要有格局，有方法，尽量避免情绪化决策。星巴克创始人霍华德·舒尔茨（Howard Schultz）做出了一个好榜样。

很多时候，最重要的事情只有一件，用老子的话来说，就是"道生一，一生二，二生三，三生万物"。霍华德·舒尔茨就是把这个"一"做到位了。在他看来，要始终如一地做有利于顾客的事情。为此，在执掌星巴克期间，他构建了星巴克的"四个一"标准：每一杯咖啡，每一位客户，每一个伙伴，每一次体验。正因为全体员工一致践行"四个一",始终做有利于顾客的事情,才锻造出了星巴克。

学习了霍华德·舒尔茨的经营精髓之后,我和团队一起制定了光华的"两个一""三个一万"标准。

"两个一"是指每一堂课程、每一位顾客。

每一堂课程:包括一个原则、三个不准。一个原则是授课打分80分以下退费,打分70分以下退2倍费用;三个不准是成功学不准,教练技术不准,会销不准。

每一位顾客:成交一个成功一个。

"三个一万"分别是一万套绩效飞轮、一万家企业BLM科学经营、一万亿GDP规模。

这也是光华一直坚守的原则。

2. 吸引和留住人才,学会做对的决定

作家渡边淳一写过一本书,叫《男人是动物,女人是植物》。书中表达了这样的观点:男人是动物,需要被肯定,需要被赞美,这样才能出去获取食物和资源,才可以养家糊口;女人是植物,需要被欣赏,需要被浇灌,这样才能温婉动人。这是因为,男人是盒子思维,女人是网状思维。

男人的脑子里是一个个的盒子,孩子是一个盒子,父母是一个盒子,事业是一个盒子,兄弟是一个盒子,老婆是一个盒子,然后还有一个空盒子。男人最喜欢待的是自己的那个空盒子。为什么有些男人那么喜欢钓鱼?就是他跑到那空盒子里去了。

女人的脑子就像蜘蛛网,正在跟她讲孩子的事情,她一下子就把

话题引到了父母，一下子又引到了事业，一下子就可能会引到钱……明明你提到的只是一个主题或一件事，她很容易一下子扯出很多条线，什么都可以链接到那个主题或那件事情上面去。

男人需要洞穴时间，女人需要倾诉时间。这是男人和女人在思维方式上的不同。我们如果希望未来通过融合超越自我，有些时候就需要有另外一种思维方式。思维定式要不得。

比如，去火星只需要10美元，但可能回不来，你想去吗？有人说想去，理由是对地球外面的世界非常有兴趣；有人说不想去，理由是害怕有去无回……如果这个问题并不典型，容易仁者见仁智者见智，我们再来看下面这个问题。

男性的黄金身高究竟是多高呢？有人说至少得1.8米，有人说得1.85米……那么，答案到底是什么呢？科学家发现，身高1.6米~1.7米的男性脏器负荷是最合理的。身高过高，心脏及其他内在脏器的负荷也会加重。

20世纪最伟大的科学家、数学家之一戴维·希尔伯特（David Hilbert）曾经表达过这样一个观点——"我们必须知道，我们必将知道"。在他看来，只要一门科学分支能提出大量问题，它就充满着生命力，问题缺乏则预示着独立发展的衰亡和终止。而支撑提出大量问题的是不断拓展和成长的思维。

对于企业来说，要想超越自我，同样需要不断拓展和成长的思维方式。关于中小型企业的经营，我有一个观点，叫"只招人，只挖人，只选人，不培养人"。这个观点让我遭到了不少批评。毕竟，直到现在，培养制还被不少人奉为圭臬。

实际上，中小型企业员工人数不多，其中相当一部分规模只有二三十人，即便把人培养出来，可能也没有合适的岗位供其发挥。更何况，更多时候，人才是很难培养出来的。中小型企业"只筛选，不改变"。

即便是一些大型企业，也不再将培养制视为企业人才的唯一出口。任正非就曾说过："我们要从过去的培养制和苦口婆心的培育方式，转变成你爱学就学，不学我们也不会给你穿小鞋；关键看你工作干得好不好来确定你的去留，而不是看你爱不爱学习。历史上不好好学习最后成了伟大人物的例子很多，学习不要强求。我们不搞培养制，我们没有责任培养你，我们是选拔制；选拔更优秀的人上来，在全公司和全世界范围内选拔优秀者，落后者我们就淘汰。"

有部很有名的电影《天下无贼》，片中有两句台词流传甚广，很多人都记忆犹新。"21世纪最贵的是什么？人才！"这些台词虽然在当时看起来不无调侃之意，但却实实在在道出了全社会对人才的重视。我们真正能够把人才挖来、选来、找来跟我们一起干，没有什么比这件事情更重要的了。未来组织要真正能超越自我，必须要想尽办法提高人才密度。只有这样做，才是真正的实事求是，才是真正的认知清晰。

人才不需要管理，真正需要管理的都不是人才。这是乔布斯、雷军等知名企业家都认可的观点。民营企业最大的问题就是从来没有花精力去寻找真正需要的人才，这也是大量中小型企业跨不过鸿沟、穿越不了虚实、超越不了自我的主要原因之一。

未来三年，全球CEO要干的最重要的事情就是吸引和留住人才。中小型民营企业也一定要实事求是，保持清醒。人对了，事就对了；人对了，该跨越的就跨越了，该超越的就超越了。

此外，企业要跨越鸿沟、穿越虚实、超越自我，还离不开老板的正确决策。在管理学家赫伯特·西蒙（Herbert Simon）看来，管理就是决策，决策者并不拥有"完美理性"，只有"有限理性"，他们不再追求"最优"，只追求"满意"。这就是有限理性模型的精髓。众所周知，因为人的知识有限，决策者既不可能掌握全部信息，又无法认识决策的详尽规律。即便现在有 AI 及其他先进技术帮忙，也无法超越这一事实。因此，决策时追求最优是无解的。

老板要进行正确决策，做出对的决定，实际上就是要追求有限理性，有效提高正确决策的概率。在这方面，赫伯特·西蒙同样给出了答案。他在专著《管理行为》《管理决策新科学》等中提出了有效提高正确决策概率的两个原则：一是现实性原则，二是价值性原则。

不可否认的是，这两个原则在充满不确定性的今天仍然具有重要的指导意义。现实性原则很好理解，此处不再赘述。而价值性原则是指在进行决策时，决策者应该遵循一套价值体系，以便从所有可能的备选方案中选择一个最令人满意的方案。这套价值体系常常是企业核心价值观的体现，而企业核心价值观是企业文化的重要组成部分。

对于企业来说，要跨越鸿沟、穿越虚实、超越自我，就需要老板学会做对的决定。毕竟世易时移，现在不是 20 年前，我们已经错不起了，必须要提高有效决策的概率。

3. 成为时代的乐观者

众所周知，随着互联网进入 web 3.0 时代，各种高科技手段正在越来越多地占据孩子们的注意力。幸运的是，哈佛的心理学家经过多年研究发现，养育一个心智健康的孩子的基本要素并未改变，一些经过检验而可靠的策略仍然是最佳方式。它们主要包含六条建议：

一是陪伴你的孩子；二是如果事情重要，就大声说出来；三是教会孩子如何解决问题；四是培养乐于助人和感恩的习惯；五是关注孩子的破坏性情绪；六是向孩子展示一幅更加宏伟的图景。

由此，我们不难看出，好好说话、重视沟通是养育孩子的重要方法。俗话说："良言一句三冬暖，恶语伤人六月寒。"好好说话，是一个人最好的风水。有些时候，明明可以正面叙述，但偏偏使用了反问，偏偏因为这样的表达方式点燃了矛盾。一个人如果能在家里好好说话，就可以给家里带来最好的风水；如果能在办公室里好好说话，就可以给办公室带来最好的风水。这里的"风水"并非迷信的说法，而是指通过语言和行为营造的一个有利于自身发展的环境。当然，做到好好说话并不容易，但我们可以选择好好说话。

实际上，我们每个人都要做好自己的选择。比如，我们要追求幸福。幸福应该是什么样子呢？有权、有势、有房、有车吗？这可能不是幸福，这些都是做给人家看的。对于更多的人来说，无病无灾、无忧无虑，才是幸福。"无"才是做给自己看的。但是，"无"在哪里呢？有些人正是因为不知道它在哪里，才为自己的幸福定义了错误的模样。

追求幸福会遇到这样的情况，做其他事情也难免会遇到这样的情况。尤其在今天这样一个快速发展的时代，有些人真的会因为选择而迷失自我。对于一个普通人来说，迷失自我，影响的可能只是个人的工作和生活。对于企业家或老板来说，迷失自我，影响的就将是整个企业。这时，成为时代的乐观者就显得特别重要。

为什么成为时代的乐观者会如此重要呢？美国著名心理学教授大卫·霍金斯（David Hawkins）博士经过30多年的研究，得出了一个令全世界震惊的结论：人类拥有不同的能量级别，每个人都活在各自的能量级别里，并且吸引着相同频率层级的事物。能量低的人嘲笑你、贬低你，能量跟你一样的人喜欢你，能量比你高的人欣赏你。

正因为我们会吸引与自己同频的事物，所以我们完全可以做到"向上社交，向下包容；向上生长，向下扎根"。像梁晓声所讲的一样："生活，一半烟火，一半清欢；人生，一半清醒，一半释然。"一半烟火，就是与他人相伴；一半清欢，就是跟自己独处。一半清醒，就是明白为谁而活、为谁而拼；一半释然，就是消除曾经的疑虑、嫌隙等。

海拔4000米以上的青藏高原生长着一种名叫塔黄的植物，它有着"高原精灵"的美称。这种深受大家喜欢的植物，一生只开一次花，而且开这一次花需要经过不少年。正因为它默默积蓄力量，才能在经过漫长的等待之后成为美丽的"高原精灵"。

在一生当中，每个人都会面临低谷。在面临低谷的时候，只有成为时代的乐观者，才能跨越鸿沟、穿越虚实、超越自我，才能感受到生机蓬勃。范仲淹在《岳阳楼记》里曾写下这样一句话："越明年，政通人和，百废俱兴。"越过山丘，前方有明媚的春光等候；越过山丘，你就是最美的春光。每一个能走出低谷的人都是英雄。普通人如此，企业家或老板同样如此。

3

科学经营 12349 系统如何落地

3

■ ■ ■ ■ 认识科学经营12349系统

1. 什么是科学经营 12349 系统

企业经营要有底座，其实就是传统上常讲的"闭环"，有底座的企业才能越来越好。没有底座相当于基础不牢。俗话说，基础不牢，地动山摇。没有底座的企业是没有主线、没有基本盘的，一会儿向东，一会儿向西，一会儿向上，一会儿向下，一会儿向左，一会儿向右，到最后就乱了。所以，一定要经营有底座、有模型、有章法的企业。这样的企业才能既有动能，又有势能，既能赚钱，又能值钱。

那么，企业的底座是什么呢？图 3-1 展示的就是企业的底座，也是科学经营的系统框架。它是光华团队智慧的结晶,被命名为科学经营12349系统。

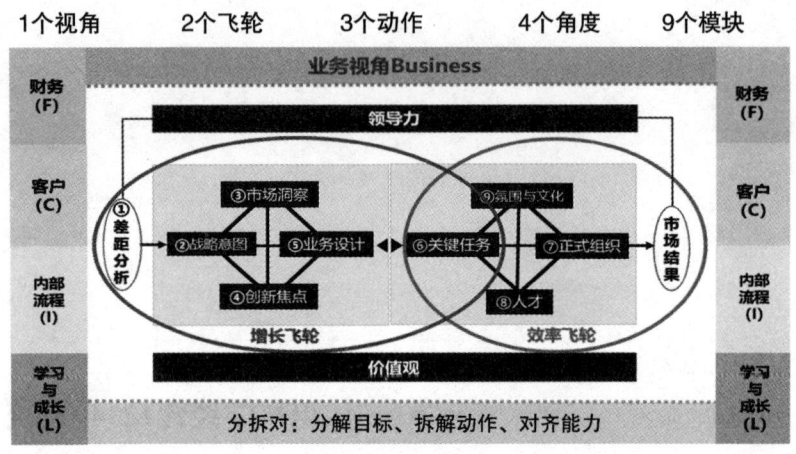

图3-1 科学经营12349系统

在该系统中,1是指1个视角,2是指2个飞轮,3是指3个动作,4是指4个角度,9是指9个模块。具体内容如表3-1。

表3-1 科学经营12349系统内容组成

系统组成	具体内容
1个视角	业务视角(Business)
2个飞轮	增长飞轮、效率飞轮
3个动作	分解目标、拆解动作、对齐能力(即"分拆对")
4个角度	财务(F)、客户(C)、内部流程(I)、学习与成长(L)

（续表）

系统组成	具体内容
9个模块	差距分析（机会在哪里）
	战略意图（终局在哪里）
	市场洞察（变化在哪里）
	创新焦点（实现路径）
	业务设计（取舍）
	关键任务（打赢关键战）
	正式组织（体系支撑）
	人才（筛选）
	氛围与文化（达成共识）

其中，1个视角为企业提供了统一的业务视角；3个动作针对的是企业全员，如果实践者是管理层，还要加上调焦和松土两个动作；4个角度是根据BSC的4个角度而来的，无论是公司、部门，还是员工定目标，都要从这4个角度出发；2个飞轮则构成了目前领先的企业经营模型——BLM，目前国内90%以上的500强企业或多或少都在用它，它也是科学经营12349系统的核心。

我们在领略、推动落地科学经营12349系统的时候，首先要明白它的整个规则是什么。概括而言，要做好8件事，其中横向3件——战略规划、战略解码、战略执行，纵向5件——调焦、松土、分、拆、对。横向3件事让战略跟执行保持一致性，纵向5件事让全员具备一贯性。一致性解决消耗，一贯性解决内耗。

有的企业只做了战略规划、战略执行两件事，没有进行战略解码。

而缺乏战略解码造成了严重的后果——员工做的不是老板想要的，老板想要的不是员工做的，连核心管理层也很难理解战略，战略贯彻执行不下去。有的企业连规划都做得很粗糙，甚至没有规划，这样一来，执行就成了方向不明地乱撞，纵向应该完成的 5 件事更是无从入手。企业如果把纵向上的分、拆、对等事做得一团糟，造成非常严重的内耗，就很难有精力去顾及战略的规划、解码、执行了。因此，要实现科学经营系统的落地，横向 3 件事和纵向 5 件事都要做好，缺一不可。

2. 科学经营 12349 系统的核心——BLM

战略一般都会有对应的战略工具，帮助企业理解和分析战略。如果没有战略工具，企业对战略的理解就会是混乱的。有了战略工具的帮忙，就有了章法，企业才不会乱。而 BLM 就是一个非常典型的战略工具。

BLM 是 IBM 公司在 2003 年与哈佛大学商学院一起创造出来的。该模型被引入国内后，华为、顺丰、TCL、用友、金蝶等企业都对其有不同程度的应用，其中以华为应用的深度与广度最高。图 3-2 即为 BLM 的官方原型图。

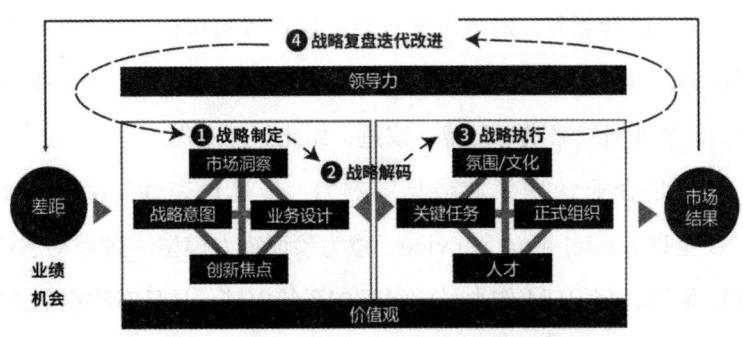

图 3-2　IBM 的 BLM 原型图

由图 3-2 可知，BLM 主要包括四个部分的内容。第一部分是领导力，关注的是企业领导力如何驱动企业内部的转型和发展。第二部分是价值观，这是为企业战略兜底的部分。中间的两部分内容是企业战略的制定和执行，共包括八个相互影响、相互作用的方面，分别是战略意图、市场洞察、创新焦点、业务设计、关键任务、正式组织、人才、氛围/文化。

其中，企业战略的制定是从分析差距开始的。BLM 中的企业战略被称为领先战略。制定领先战略包括战略意图、市场洞察、创新焦点、业务设计四个方面的内容。战略制定好之后，一般由企业的组织部门管理并实施。现在很多企业把执行交给管理部门，甚至有一些企业是人力资源部门在做。其实，这么做是有问题的。像华为等企业都设有组织部门，由这个部门专门管理战略的执行情况。执行战略也有四个部分的内容，分别是：关键任务、正式组织、人才、氛围/文化。

执行战略并非 BLM 的终局。BLM 是一个循环的过程，从差距分析中发现企业生存发展的机会与破局点，结合市场洞察与战略意图，制定战略、设计业务、提炼创新焦点,通过战略解码,将战略分解成关键任务,再通过组织、人才、文化等保障战略的执行。战略周期结束之后,企业对战略进行复盘、改进,如此循环迭代。

BLM是企业管理领域最具影响力、最具代表性,也最权威的MaaS(全称Model as a Service,意为预训练大模型+过程动态任务微调)。所以,将BLM作为科学经营的系统内核,是具有战略意义的。

光华团队在众多应用实践的基础上,对BLM做了进一步的拓展——根据相关应用场景发展出BLM全景图和BLM内功图。

2.1 BLM全景图:见整体而见本色

系统思考,看到整体,是企业实现可持续发展必须要养成的大思维之一。看见整体,方能洞察事物的本质。看见整体的修行,是一生的修行。我们要时刻提醒自己,只有不断地看到整体,看到更大的局面,才能做更对的决定。否则就容易踩在一个小点上,深陷其中,到最后开始情绪化,导致自己被蒙蔽心智,做出荒谬的决定,从而遗憾终生。而BLM全景图(如图3-3)就是帮助我们看到企业整体的有效工具。

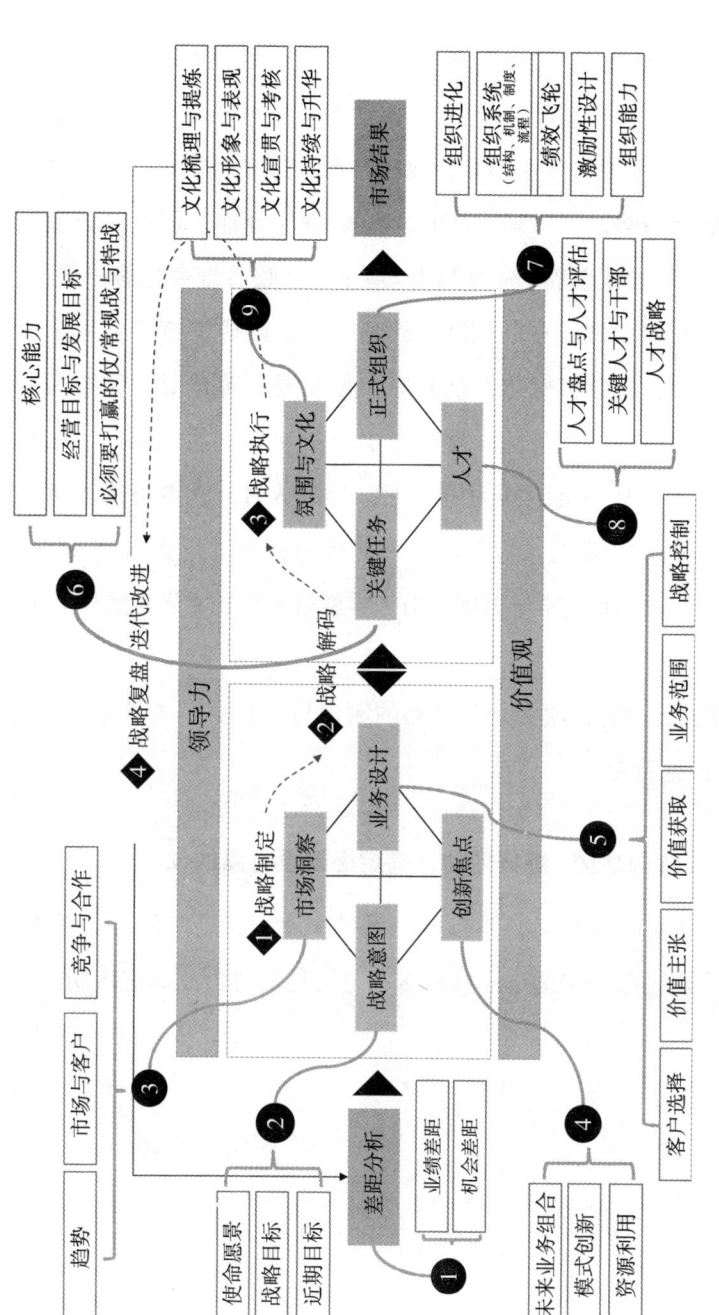

图 3-3 BLM 全景图

在 BLM 全景图中，九大模块都根据相关应用场景进行了拆解和整合。其中，要进行差距分析，就要从业绩差距和机会差距入手；要明确战略意图，就要从使命愿景、战略目标、近期目标出发；启动市场洞察，要看趋势，看市场与客户，看竞争与合作；创新焦点要从未来业务组合、模式创新、资源利用入手；业务设计要考虑客户选择、价值主张、价值获取、业务范围、战略控制；解码关键任务要从企业的核心能力、经营目标与发展目标、必须要打赢的仗/常规战与特战入手；要进行组织优化，就要考虑组织进化、组织系统、绩效飞轮、激励性设计、组织能力等方面；管理人才，就要考虑人才盘点与人才评估、关键人才与干部、人才战略；要进行氛围与文化的建设，就要考虑文化梳理与提炼、文化形象与表现、文化宣贯与考核、文化持续与升华。

了解了上述内容，就为企业战略的制定与执行奠定了坚实的基础（相关应用详见后文）。

2.2 BLM 内功图：练好内功，确定必须要打赢的仗

企业要实现科学经营，不仅要有系统思考、看见整体的大思维，还要练好内功。BLM 内功图（如图 3-4）就是帮助企业练好内功的有效工具。

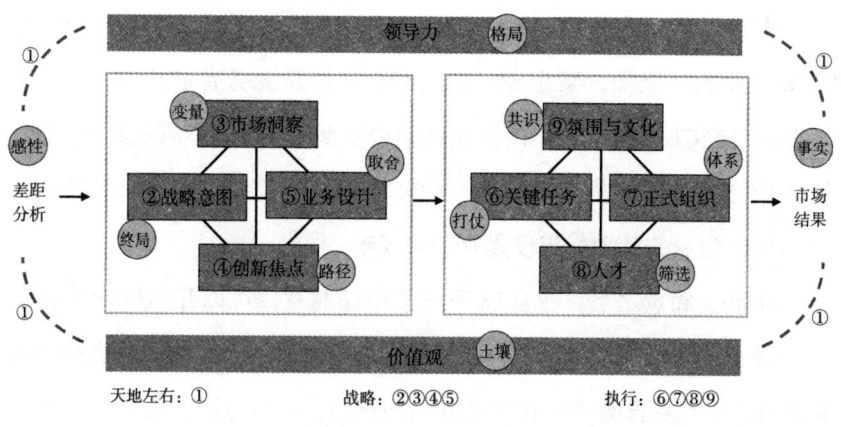

图 3-4　BLM 内功图

差距分析的内功是感性。几乎所有成功的企业家都有这个概念。孙正义说过一句话:"我坚信,一切的成功都是缘于一个不切实际的梦想和毫无根据的自信。"稻盛和夫在企业初创时即喊出了"成为世界第一"的口号。任正非在接受采访时也谈到"我们认为梳理一下存在的问题,哪些问题去掉,哪些问题加强,胜利一定是属于我们的"……这些都是感性。要有成为第一的雄心壮志,敢想敢干,永远保持危机感与不满足。有了这份感性,有了这份对梦想的孜孜以求,企业才能做好差距分析。

战略意图的内功是终局,传达的是以终为始的思想。我们要把企业的终局想清楚:企业要成为一家什么样的企业,要帮助客户解决一个什么样的核心问题,应该要有什么操守,秉持什么样的精神,坚持什么样的原则。当然,企业完全可以根据自身的实际情况先做 5 年、10 年的终局规划。唯一的区别就在于时间越长,效果越好而已。

市场洞察的内功是变量。企业做市场洞察的目的,就是研究变量。

研究变量以后，找出三个点：机会点、增长点、破局点。其中，破局点是最重要的。比如，某企业2024年的计划是业务营收比2023年增长1倍。要实现这个计划，该企业就需要找到破局点。只有找到破局点，该企业才能清楚要把自身的精力和资源聚焦到哪些方面。如果破局点找不到，企业的计划就仅仅是喊口号了。

找出破局点之后，企业就完成了市场洞察，可以开始探索业务增长路径了。负责探索企业业务增长的模块是创新焦点。**创新焦点的内功是路径**。业务增长的路径有产品方面的路径、流量方面的路径、模式方面的路径、资源利用方面的路径。通过结构性分析和深度思考，某企业发现，自己在2024年有18条业务增长路径。增长路径这么多，应该怎么办呢？大家千万不要认为增长路径越多越好，因为每一条增长路径、每一个动作背后，都意味着成本和资源投入。

要让成本和资源实现合理高效地投入，就需要企业进行业务设计。**业务设计的内功是取舍**。企业可以从五个方面出发对业务增长路径进行取舍，它们分别是：客户选择、价值主张、价值获取、业务范围、战略控制。如果是大企业，还要加上"风险管理"。

做出取舍之后，企业就要确定自己发展的关键任务了。**关键任务的内功是打仗**。什么是打仗？提高执行力、战略落地就是打仗。企业要用战役来成就员工，用战役来培养员工，用战役来营造团结的氛围。但打仗不是目的，打胜仗才是目的。

对于企业而言，必须要打赢的仗有能力之仗和业绩之仗。所谓必须要打赢的仗，即非打赢不可、输不得的战役，是对战略方向和发展成败产生决定影响的，是影响整个企业的，需要在企业范围内调动资源才能达成的。它们通常能够在一年内完成，具有一定的挑战性，通过努力能够实现，而且必须是周期性的，一般一两个月为一个周期。必须要打赢的仗并不是年度总任务，这种思想是错误的。所有要打赢的仗最好都是短期之战，不要打持久战，而要打突击战、攻坚战。

业绩之仗和能力之仗都有哪几场，我们要在企业年度规划（BP）里面都定下来，并且通过聚焦将必须打赢的仗通常控制在 5~7 场。当然，规模大的企业，肯定还会有更多的仗要打。确定必须要打赢的场数后，我们还要将每场仗具体谋划，切勿过于笼统。比如，某场仗的主题可以是提升管理能力、完成销售目标等。表 3-2 即某公司 2024 年计划必须打赢的仗。

表 3-2 某公司 2024 年必须打赢的 5 场仗

序号	必须要打赢的仗
1	实现营销新模式的精准落地
2	突破产品线高效运营的重点瓶颈，实现关键产品的成功开发与市场投放
3	优化供应商平台
4	建立运营信息系统，实现精益制造，提升运营能力
5	搭建有效的绩效管理体系

光知道要打 5 场必赢之仗还不够，我们还要搞清楚每场仗的主题词是什么，这场仗具体是什么内容、主帅和副帅都是谁（见表 3-3）。此外，我们需要制定单场战役特别奖惩体系，规定打赢了有什么奖励、打输了有什么惩罚。

表 3-3　某公司 2024 年必须打赢的 5 场仗具体安排

序号	主题词	必赢之仗的具体内容	主帅	副帅
1				
2				
3				
4				
5				

比如，光华团队的同事们去一家企业做陪跑咨询，发现该企业某年必须打赢的几场仗的具体安排的表格中主帅全是老板娘，副帅全是老板，好像企业里所有的事都由他们两个负责。于是，光华团队的同事们马上跟他们沟通，老板和老板娘不能做主帅和副帅。打仗锻炼的是企业的人才体系，特别是锻炼管理者体系，而不是锻炼老板娘和老板。

另外，要打赢一场仗，就需要对这场仗进行细分解读。具体说来，需要从以下几个维度考虑。

是什么：澄清内涵，明确其对公司发展的战略意义。

衡量标准：与成功时的样子匹配的、具体的、可衡量的指标。

阻碍因素：实现必须打赢的仗的阻碍因素，在制订行动计划时需重点考虑。

有利因素：在制订形成计划及目标值时重要的借势因素，给自己信心。

成功时的样子：以感性的语言，从客户、员工、股东等不同角度展开描述，帮助员工形成画面感，产生激励人心的效果。

我们根据这五个维度形成一个表单，企业可以根据自身的实际情况来进行填写(表 3-4 即为一个示例)。

表 3-4　某公司 2024 年必须打赢的仗

是什么：实现营销模式的精准落地	
1. 是为挑战 30%(保障 20%)年复合增长率目标而实施的营销管理变革 2. 是客户导向、行业聚焦、协同高效的具体实践 3. 是需要信息流畅通，行业与产品线联动，急速满足市场的需求 4. 是建立以市场为前导的营销模式(品牌力和解决方案) 5. 是快速提升团队专业化能力，满足培养精兵强将的需要	
成功时的样子	衡量标准
1. 成为重点行业细分领域的首选品牌 2. 打造业内最优秀的、受称赞与尊敬的营销团队，形成系统的人员梯队，培养一批专业化的储备人才 3. 初步形成完善的产品解决方案，引领行业水平 4. 整合一批优质渠道资源	1. 在重点行业形成系统的产品解决方案(不是单个产品，而是按照行业特征形成产品组合) 2. 与 20 家下游核心合作方形成战略合作 3. 确保年复合增长率 20% 的业绩增长(挑战 30%) 4. 价格严格控制在目标特价率内，趋于合理水平且不下滑 5. 销售费用控制在预算范围内，注意实际费用与预算费用 6. 一线销售人员人均效率提升 7. 保持现金流的稳健周转，关注资金风险，控制应收账款周转天数
有利因素	阻碍因素
1. 战略清晰，机制人性化且灵活 2. 产品基本系列齐全，整体质量水平优良 3. 拥有相对较高的议价能力 4. 拥有全国覆盖的渠道网络 5. 拥有专业的营销团队，人员整体素质高 6. 各项推广工作扎实有效，品牌知名度持续提升	1. 行业专业化人才缺乏，能力不足 2. 管理类人才缺乏，能力不足 3. 信息透明化，采用了模式效仿策略，价格下行压力大 4. 渠道能力不足 5. 产品质量、成本、交付竞争力不足 6. 新产品上市速度慢，质量不稳定，交期长

如表 3-4 这样的细化才是有价值的。科学经营的关键就是要确定必须要打赢的仗和年度业务规划（BP）。基于战略架构，企业一定要把 BP 拿出来；BP 拿出来之后，企业才能做解码落地。同时，也要把必须要打赢的仗拿出来，用打仗的方式去成就团队。

关键任务要从企业的核心能力、经营目标与发展目标、必须要打赢的仗／常规战与特战入手。其中，核心能力要与价值主张匹配；经营目标指的是财务目标，发展目标主要指的是能力目标；必须要打赢的仗，主要包括能力之仗和业绩之仗，其中能力之仗一般是为了实现发展目标，业绩之仗主要是为了实现经营目标，也就是实现财务目标；常规战一般就是能力之仗；特战一般就是业绩之仗，也就是攻坚战。虽然我们可以很快把一个体系结构构建好，但能力的发展是需要过程的，需要持续执行、持续优化。

企业要打好必赢之仗，就要有正式组织、人才、氛围与文化上的保障。

正式组织的内功是体系。要做好组织上的保障，我们就要把体系建构好，明确流程怎么优化，机制怎么出台，激励怎么设计，组织怎么优化，体系怎么创新，人才怎么筛选到位，哪些人可以用，哪些人不可以用。

人才的内功是筛选。有时候，我们可能会突然发现，尽管必赢之仗已经确定好，企业内部却根本没有能够打这一仗的指挥官。这代表着这一仗光靠企业内部人根本打不赢。

比如，光华服务的一家企业今年在抖音上取得的业绩是 176 万元，计划明年将在抖音上的业绩做到 1.2 亿元。虽然业绩目标好定，但是要从 176 万元变为 1.2 亿元，难度系数还是不小的。果然，该企业盘点完现有资源之后，发现内部无人可以做到。这就代表着，要从外部选用可以完成这一目标（或者说这一关键任务）的人才。

在进行人才筛选时，一年在抖音上实现 1.2 亿元这个业绩目标是一个非常重要的标准。候选人如果在曾经任职的企业一年完成的抖音业绩是 700 多万元，就很难完成一年 1.2 亿元的目标；如果在曾经任职的企业一年完成的抖音业绩是 2 亿多元，再去完成一年 1.2 亿元的目标就很容易。这样的候选人才是该企业需要的候选人。

通常情况下，企业在筛选人才时要遵循四字原则——选育用留。没有经过"选"，直接"育"的做法常常会给企业带来问题。对于小企业来说，做好选人和育人的工作更加重要。

氛围与文化的内功是共识。文化不是钉在墙上的，而是让大家能够实现同频、达成共识的。

企业打完必赢之仗后，结果如何呢？必然会有市场结果来验证。**市场结果的内功是事实**。事实证明，数据会说话，从感性出发，到达理性的彼岸，就是市场监管。市场监管的结果，一定是数据说话，属于理性的事实。

市场结果的出现并不意味着事情的终结，企业还需要对已执行的战略进行复盘、迭代、改进。只有这样，才会形成"闭环"，才会形成企业发展的底座，即科学经营。在形成"闭环"的过程中，少不了价值观和领导力的保驾护航。

价值观的内功是土壤。土壤不对，再好的苗都长不出参天大树。所以，老板要经常在企业里"松土"。土壤越松，代表土壤里的微量元素含量越高，肥沃程度越好，这样树苗才能长成参天大树。土壤越硬，代表土壤里的微量元素含量越低，肥沃程度越差，这样树苗就难以长成大树，想丰收也很难。在企业中，经常用于松土的是核心价值观。价值观是为企业战略兜底的内容。

领导力的内功是格局。格局，在个人层面，就是心胸开阔、视野高远；在企业层面，就是小道理必须服从大道理，企业利益高于一切，个人目标服从组织目标。如果员工都认准"小道理服从大道理"，企业内部就很难出现解决不了的矛盾。对于企业来说，领导力关注的就是企业内部的转型和发展，它为企业战略的制定、解码、执行、复盘、迭代、改进提供了有力的保障。

■ ■ ■ ■ **科学经营重新定义企业的增长**

1. 科学经营的企业要实现可持续高质量增长

目前,全球经济增长放缓,国内市场两极分化,不少企业投入持续增加,回报却不断下滑。困境中的企业要如何做才能摆脱下行泥沼,实现增长破局,跨入增长行列呢?

谋求增长,首先要理解为何增长、何为增长、高质量增长源于何处。在不确定的市场,追求增长是企业最重要的确定性目标。增长就像纯净的氧气,是解决企业一切问题的入口。

其次,产能过剩,企业之间低水平厮杀严重,不仅是现阶段企业增长困局的根源,也是造成企业增长不可控、不持续的主要原因。企业急需的是升维认知,提升经营水平,从左支右绌的无序经营升维到由整体战略引领的有序经营,即科学经营。

坚持科学经营的战略是企业实现可持续高质量增长的唯一途径。因为时代变化,商业环境进化,没有战略的企业已经不再能前行,随随便便就能挣得盆满钵满的时代已经一去不复返了,企业之间"卷"战略、"卷"经营水平的时代已经来到。

战略,就是做对的决定。企业必须要学会在战略上做到舍九取一。除了正确取舍,升维认知也是必修课,企业要学会利用模型、结构进行深度思考。

人的认知是有层次的(人的认知能力三角如图3-5)。以前,人们认为"勤劳致富";后来,认为"唯有套路得人心";现在,到了模型驱动和深度思考的时代,我们该如何在这个模型驱动和深度思考的时代推动企业实现可持续高质量发展呢?

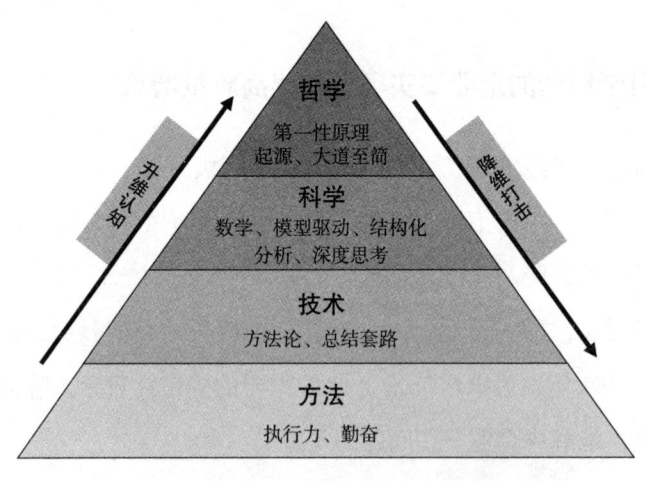

图3-5 认知能力三角

基于科学经营，企业的增长应是由战略意图引领，经过市场洞察、创新焦点、业务设计和关键任务等环节制定并落地战略，从而形成的结构性、系统性增长，是一种"功到自然成"的必然成果，是企业动能和势能不断积累的产物。

科学经营是以科学经营系统和 BLM 增长飞轮（如图 3-6）为基础精心打造的。前文已对科学经营系统进行了详细介绍，不再赘述。此处重点介绍一下 BLM 增长飞轮。

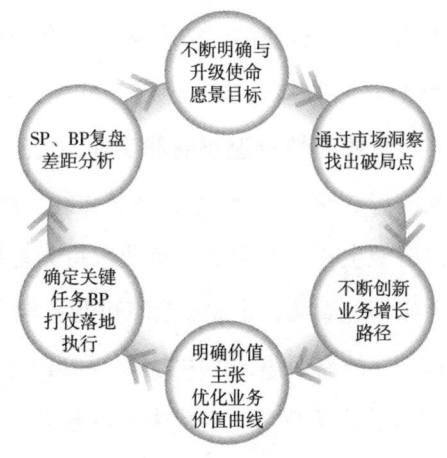

注：SP，全称为 Strategic Planning，意为战略规划。

图 3-6　BLM 增长飞轮

增长飞轮本质上就是经营。业务的根本就是增长，增长的核心主要就是战略规划。所以，业务增长和战略规划有 90% 是重叠的。把这个理解到位，就知道真正的结构性增长和可复制的增长必须站在战略角度去解决问题，而非学一点点方法就能做好的。

从不断明确与升级使命愿景目标，到通过市场洞察找出破局点，再到不断创新业务增长路径，接着明确价值主张，优化业务价值曲线，接着确定关键任务 BP，打仗落地执行，做 SP、BP 复盘差距分析，再到不断明确与升级使命愿景目标。然后，不断循环，继续递进。企业的使命愿景就这样转起来了。

通过帮助企业家快速升维认知，掌握最领先的业务经营模型 BLM、最重要的企业视角 Business、最伟大的管理工具 BSC，让企业步入科学经营之路，借战略之力助推企业破开增长困局，收获可持续高质量增长。

受各种因素影响，一家企业的经营发展状态会形成一种变化周期：快速扩张、扩张性衰退、收缩性衰退、复苏反弹、再造繁荣。其中，有两个战略转折点，即收缩性衰退和复苏反弹，它们决定着企业的生死。企业如何顺利渡过这两个转折点？答案是进行正确的战略聚焦。

再大的企业，资源也都是有限的。企业家每天都面临不同的诱惑和选择。如果企业家不能聚焦，企业就会不可避免地出现混乱和死亡，所以才需要舍九取一，战略聚焦，集中力量。利出一孔才能单点突破，才能为企业建立足够的竞争优势。当代中国企业需要的正是看清主航道、驶入主航道和赢在主航道的争先和专注。

科学经营是新时代企业经营发展的底座，而 BLM 是科学经营的底座。BLM 最被人推崇之处就是其强悍的战略规划能力。

在 BLM 中，战略规划的第一步是差距分析。差距是经营者不满意的一种感性感受；是企业未来想达到的高度与现在状态的差别，有业绩维度的差距，也有机会维度的差距；更是企业前进的动力。学会分析差距是什么，差距产生的原因有哪些，哪些是关键差距，是每位企业家必须具备的能力。

战略规划的第二步是战略意图。战略是从未来推导现在,战略意图就是未来想实现的目标,包括使命/愿景/核心价值观、战略目标和近期目标,就是一家企业的远、中、近目标,指引着企业的战略和方向。

如何制定正确的战略意图?战略意图不是老板拍脑袋决定的,而是根据企业实际情况不断讨论迭代制定的。并且,战略目标和近期目标需要利用 BSC 来科学制定。

MBO(Management by Objective,目标管理)是"现代管理学之父"德鲁克的经典观点,被世界公认为企业管理的核心与根本。不少企业在实际管理中搞混了目标与指标,用指标代替目标,是典型的"懒政"行为,这也是企业目标管理、绩效管理失败的主要原因之一。BSC 是解决这一问题最好的工具。

区别于 OKR(Objective and Key Result,目标与关键成果法)、KPI(Key Performance Indicator,关键绩效指标)等风靡一时却缺陷明显的明星工具,由罗伯特·卡普兰和戴维·诺顿提出的 BSC,将企业的使命、愿景、战略跟日常工作链接起来,解决了企业从战略制定、年度任务目标到部门目标、个人目标的一致性问题,是目前世界上最实用的战略解码工具之一。

认真经营企业的老板很少有人不知道 BSC。BSC 是出了名地难懂难学,这就导致大家在使用该工具时遇到了各种困难。光华将 BSC 落地实践的 12345 全套工具软件化,打造了企业数字化管理系统——绩效飞轮。该工具设计完善,可以拿来即用,大大减轻了管理者与员工的思考负担,降低了沟通成本;还将战略到执行全流程可视化、数据化,在很大程度上实现了为管理减负、为决策赋能。

战略规划的第三步是市场洞察，也是企业正确战略聚焦的途径。通过看趋势、看市场与客户、看竞争与合作等方面，企业可以清晰地梳理出现阶段的机会点、增长点、破局点。

战略规划的第四步是创新焦点。企业如果少了有效的机制来积极探索、验证和紧跟市场脉动，就很难实现自己的战略意图或者拥有持续的优势，因此企业需要持续进行业务创新。其中，模式创新发挥了重要的作用。对于企业来说，盈利模式很大程度上都是由过去来决定的。一旦时过境迁，该模式的前提条件发生了变化，企业再不进行模式创新，就很难保证可以继续赢利。

战略规划的第五步是业务设计。业务设计是整个战略规划环节的落脚点，即明确企业赚的是什么钱，如何赢利，核心竞争力何在。

战略规划的第六步是关键任务。关键任务是业务设计的结果，即企业在对业务增长途径做出取舍后确定的发展任务。

完成以上步骤之后，企业就会发现增长的破局点在哪里、增长的业务路径怎么走和持续增长的结构怎样设计，企业走出增长困境也就水到渠成。

2. 科学经营的企业要实现可复制的增长

2.1 实现可复制的增长首先要有战略认知

经营者都追求增长，但这种增长是不是有逻辑的增长，我们并不确定。对增长有科学的理解，创造可复制的增长，这样才能实现大增长、持续增长、系统增长。遗憾的是，不少人没有意识到这一点。

在发展的过程中，人们为了让企业成功实现增长，往往容易只学一个方法，而不是学方法论。学一个方法，可能只对当下有用，却对另外的情况不适用。更有甚者，学到的方法属于竭泽而渔的类型，短期内激发了增长，但破坏了可持续增长的基础要素条件。从这个角度来看，有的增长可能既是良药，又是毒药。那么，我们该怎样去构建健康可复制的增长体系呢？必须从结构和方法论上解决问题。

对于企业来说，要实现可复制的增长，首先必须要对战略有一定的认知。以前经营企业，很多时候都是老板拍脑袋做决定，属于典型的"脚踩西瓜皮，滑到哪里是哪里"。大家普遍认为，老板的想法就是战略。现在如果还是这种情况，企业肯定会遇到极大的挑战，因为这种经营方式专业性极差，非常业余。当然，如果大家都不专业，也影响不大，怕的就是，几个神一般的对手冒出来，并碾压一切。现在，神一般的对手越来越多，专业的对手越来越多，每一条赛道上都有高手涌现。高手会变得越来越多。企业如果没有适合自身情况的战略指导，就容易在激烈的竞争中败下阵来，与增长和赢利绝缘。

以培训咨询这个赛道为例。20多年前，该赛道基本还属于蓝海，很少有人做，即便提供的产品技术含量不高，收益也相当可观。当时，光华依靠制作并售卖培训师课程视频光盘实现一年2亿多元的利润。而且，这样的盈利情况持续了七八年。而20多年后的今天，该赛道的情况发生了极大的变化。尤其是经过2020—2022年这三年，国内的培训咨询行业总体规模从此前的7300多亿元掉到了1600多亿元，培训咨询公司数量也从7万多家变成了不到2万家。到了2023年，该赛道的情况有所恢复，但总体规模已经无法恢复之前的体量。目前，该赛道的规模保持在2000亿元左右。就是在这样的情况下，有些企业仍旧突飞猛进，有些企业却一落千丈。按照原先的计划，光华在2023年要实现业绩翻3倍；实际上，光华实现了业绩翻1倍。尽管如此，光华还是在结构性增长，但是在增长逻辑上发生了变化。具体来说，就是以科学经营为内核，统摄所有业务，聚焦于"一"，纵深发展。这也是光华实现可复制增长的战略。

光华不仅重视自身实现可复制增长的战略，还在2023年与儿童学习座椅知名品牌护童达成了BLM科学经营战略共建，共启战略升级、组织再造、绩效增长、主板上市等管理陪跑之路。在战略共建过程中，护童的同事阐述了集团的整个战略规划。我提到，护童现阶段发展的产品线仍然都属于离散型产品的产品线，聚焦性较差，即只有功能型、场景型产品，没有流量型的爆品。护童方面很着急，他们也很想聚焦，但不知道聚焦到哪里。这个点能找到，就可能是个破局点。有了这个破局点，可复制增长就有了方向。

2.2 战略三问与增长三问

其实，战略是一个闭环结构。平庸企业的战略是单要素驱动的，优秀企业的战略是多个要素形成互为因果的闭环。把互为因果的闭环放到一个长长的、厚厚的、丝滑的坡上面，让它日复一日转起来，企业就会越来越好。那么，在企业实现可复制增长的过程中，战略该如何发挥作用呢？要找到这个问题的答案，我们就要先回答关于战略的三个问题（即"战略三问"），它们分别是：

第一，战略是什么？

第二，你的企业有战略吗？

第三，你的企业战略执行怎么样？

战略不只有战略规划，后面还会有解码落地。科学经营实际上的逻辑就是战略，战略已经是现代化企业经营的基本功。

此外，我们还要从增长的角度出发，回答关于企业增长的三个问题（即"增长三问"），它们分别是：

第一，增长的突破口在哪里？

对于经营者而言，一定要明确地找到企业增长的突破口。

第二，实现增长的路径有哪几条？

存量是存量，增量是增量。增长是有路径的，也就是增量从哪里来。比如，某企业今年做到营收 3000 万元，明年计划做到营收 8000 万元，增量就是 5000 万元。要实现这一增量，该企业需要知道这 5000 万元从哪里"爆破"。

第三，持续增长的结构是什么？

这种增长不是竭泽而渔，不是今年增长了明年就掉下来，不是前面五六年都增长做着做着就往下掉，而是可以形成势能型积累的增长。现在，我们面临着很大的考验和挑战，那就是如何把企业做得越来越好。这就意味着我们一定要去做持续增长的结构。

一家企业要实现持续增长，尤其是可复制的增长，要有创新，有大转型，就一定要冒险。过去 5 年、10 年，阿里在创新方面乏善可陈。冒险精神的缺乏是阿里目前面临的重大考验之一。为了应对阿里目前的困境，现任 CEO 吴泳铭一上任，就搞了一个战略概要。从理论上来讲，每一家企业一到过年的时候，就要颁发下一年度的战略概要。他搞的战略概要就是一页纸，简简单单。

表 3-5 就是阿里的一页纸战略概要。

表 3-5　阿里的一页纸战略概要

战略要点	概要具体内容
一个判断	传统互联网模式严重同质化已走向存量竞争，AI 为代表的新技术正成为全球商业发展的新动能
两大战略重心	用户为先、AI 驱动
三大业务加大战略性投入	技术驱动的互联网平台业务、AI 驱动的科技业务、全球化的商业网络
四个行动	重塑、开放、年轻化、激励长期主义

在该战略概要中，一个判断是对于 AI 的判断，两大战略重心是用户为先、AI 驱动，三类业务加大战略性投入，分别是技术驱动的互联网平台业务、AI 驱动的科技业务和全球化的商业网络，四个行动分别是重塑、开放、年轻化、激励长期主义。

这一战略概要的提出建立在吴泳铭对阿里现实困境的深刻理解基础之上。对于现阶段的阿里来说，AI 是不可忽视且需要深度参与其中的时代潮流，创新是获得持续增长的重要动力。阿里要将自身平台改为 AI 驱动，就需要阿里云、达摩院在整个前端科技方面重点发力。而重点发力离不开相关方面人才的支撑。创新同样需要相关方面人才的支撑。也就是说，阿里的问题实际上是人才建设方面的问题。

这时，选用合适的人才就特别重要。经营企业本来就是勇敢者的游戏。阿里为了恢复创新活力，启动了淘天系高管年轻化的行动。目前，淘天系的高管平均年龄在 40 岁左右，在开拓性和执行力方面拥有明显的优势。在选用专业人才方面，阿里也没有盲目地搞一刀切式的裁员。这是因为，他们明白一口气"干掉"10 万人的代价。那样还容易丢掉真正的业务重点——用户为先。

阿里的一页纸战略概要为企业制定实现可复制增长的战略提供了标杆。光华去帮陪跑的企业做5年的战略规划和明年的年度规划时，我也建议他们把规划用一页纸体现出来。一页纸体现不出来，说明理解的深度是不够的。只有理解深刻，战略规划才是有效的，才能真正推动企业实现可复制增长。

2.3 战略选择决定企业基因及未来发展潜力

一提到实体书店，相信"经营艰难"几个字会迅速出现在大家的脑海中。现实确实如此，作为一家民营商业书店，只是单纯地经营图书，要想实现赢利，是有一定的困难的。而诚品书店做了新的战略选择，这就带来了新的希望，结束了长达十几年亏损的局面。它打破了传统书店的经营模式，先以品牌的文化创意作为核心，然后推动市场、书店与零售的复合式经营，使书店变成了不只买书，而是包罗书店、画廊、花店、商场、餐饮的复合组织。我们会发现，诚品书店已经不是纯粹的书店了，而是变成了一个以书香气息为载体的小商业体。那么，这一战略选择是怎么让诚品书店赢利的呢？图3-7即是以诚品书店台北信义店①为例展示的诚品书店的盈利模式。

---

① 台北信义店因与房东统一集团未在续租问题上达成一致，于2023年12月24日闭店。但该分店的盈利模式是诚品书店复合式经营的典型范例。

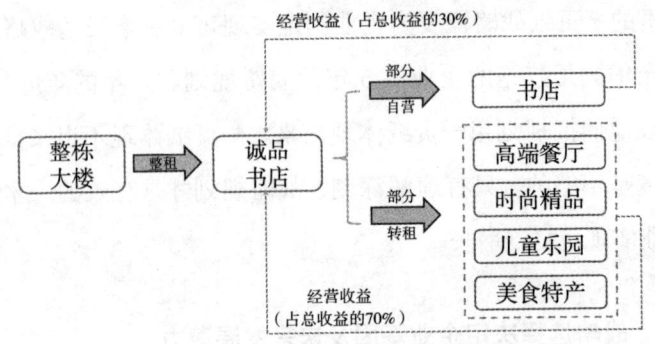

图 3-7 诚品书店（台北信义店）盈利模式

从图 3-7 我们可以看到，在诚品书店（台北信义店）的经营收益中，书店经营收益只占 30%，而非书店经营收益占到 70%。高端餐厅、时尚精品、儿童乐园、美食特产等这些业务都是转租的。从这个角度来看，诚品书店（台北信义店）在本质上已经变成了一家物业公司、一个商业体。它的战略不在于通过卖书来获得盈利，而是通过转租。

目前，单纯卖书的书店变得越来越少。位于北京市海淀区成府路北大附近的豆瓣书店还在坚持着只卖书的原则，遗憾的是，其经营收益情况不佳。与它相隔不远的万圣书园采用书店 + 会员 + 活动等的方式，维持着盈利的状态。

…………

综上，我们不难看出，对战略的选择，到最后就成了关乎企业生死的挑战。战略选择已经决定了企业的基因及未来发展潜力。以光华为例，光华只是选择做培训，和光华选择做一根链条，做一条从培训到咨询到软件的价值曲线，结果可能就不一样。经营企业的成败首先在于一种选择，这是需要决策的。我们选择做一家什么样的公司，选 A，还是选 B，这是很重要的。而这种选择是由结构性来决策的。

如果一家企业没有战略，或者没有针对未来发展的战略，该企业的经营模式基本上就是业余的。它之所以活着，要感谢同行，可能因为同行竞争力不强。没有战略规划，没有增长结构，还梦想着越做越好，这就是典型的痴人说梦。

从 2015 年开始，网上就有一种声音："接下来的 10 年，每年都是后面几年中最好的一年。"开始，我们大多把这种声音看作一种谨慎的悲观主义。到了现在，我们回头看，它却不断地在应验。不把那些低质量的企业都淘汰掉，这个基本面不会改变。

目前，我们正处于一个大分化、大撕裂的阶段。该阶段的典型特征就是，平庸的企业越来越差，很难再有好机会；优秀的企业越来越好，开始塑造出自身的竞争力了。企业出现这样的分化，我个人认为，这并非一件坏事。真正优秀的企业家现在已经开始思考怎样经营企业这件事情，遗憾的是，时至今日，还有不少人没有学会如何经营企业，更别提制定适合企业的战略，实现可复制的增长了。

经营企业，需要专业的人做专业的事，需要一套科学的经营思维和底层逻辑，需要选择适合自身的战略。这就是现在很多企业面临的尴尬和挑战。

2.4 差异化是企业唯一的战略选择

20 世纪 80 年代，著名管理学家迈克尔·波特出版了他的代表作《竞争战略》。在书中，他提出企业发展的三大通用战略，分别为总成本领先战略（即规模战略）、差异化战略、集中战略（即聚焦战略）。实际上，聚焦战略也是一种差异化战略，要聚焦就要有聚焦的点或聚焦的路径，就是要跟别人不一样。怎样做才能跟别人不一样呢？或者用自己的优点和独特性营造差异化，或者用规模来营造差异化。所以，到最后，企业的发展战略其实只有一种，就是差异化战略。就像一个人活在世界上，有他个人的观念、个人的色彩，就是要跟别人不一样。自己发光了，不随波逐流，就有了自己独特的地方。

对于企业来说，差异化代表其拥有独一无二的东西。每一家企业都应该在成长过程中找到代表差异化的点。以神州专车为例。神州专车于2015年1月28日上线。当时，国内专车服务这个赛道已经有多家服务商，尤其是滴滴、优步两家占据了绝大部分份额，市场竞争异常激烈，实际上很难再有新品牌进入的机会了，但还是让神州专车有了一席之地。为什么？神州专车找到了代表差异化的那个点，它以滴滴为对标对象对自己进行了定位，提出了"更安全的专车"，做到了人无我有。而且，一旦发生了安全事故，人们就会不由自主地想：我要是能坐上更安全的专车就好了。这时，拥有"更安全的专车"服务理念的神州专车就会成为消费者的优先选择。

无独有偶，光华也是差异化战略的受益者。以前，我和同事们到人才市场招人，问应聘者知不知道光华。他们都说："知道，光华就是卖光盘的。"这个回答对不对？在当时来讲，确实正确，那时的光华赚的钱确实都是卖光盘得来的。后来，光华开始做培训咨询业务。在全国范围内，跟光华同赛道的培训企业有7万多家，怎么证明光华跟别人不一样呢？

因为进入企业培训这个赛道比较早，尽管没有认真考虑这个问题，光华也赚了钱。可是，一天不解决差异化的问题，光华就随时有业绩衰退，甚至崩溃的风险。2020—2022年这三年的运营情况就很能说明问题，不能完全归结于外部环境的影响。我一直在想一个问题：现在的光华到底等于什么？经过几年的深度思考，最终得出了结论——"光华就等于科学经营""科学经营就等于光华"。这个战略点制定之后，我和同事们突然发现，在接下来的三五年里，光华的竞争力陡然提升。这就是光华的底气。特别是在宏观环境不怎么好的情况下，光华依然有底气实现业绩每年增长。因为光华已经找到了破局点，找到了自己的灵魂。

需要特别注意的是，我们在寻找差异化的这个破局点时，要遵循社会主义核心价值观，不要走低俗路线。以喜茶为对标的丧茶被取缔就是一个典型的例子。

今天，不少企业做不到差异化这一点，大概率是没有明白自己等于什么，有没有竞争力，客户认不认。一家企业如果没有得到客户的认可，就很难走出增长困境了。

2006年，中文搜索赛道激战正酣，并呈现出"两超多强"的局面。身为"两超"，百度跟谷歌之间的竞争更是进行得如火如荼。当时，谷歌的实力要比百度强得多。面对最大的竞争对手谷歌，百度制定了差异化战略，提出了"百度更懂中文"的定位，巩固了中文搜索的地位，一举让百度成为中文搜索的标配。

2009年，中国的电视市场进入了互联网时代。电视销量长期居于榜首的长虹生产出了中国第一台互联网电视。遗憾的是，长虹没有抓住这个机会。当时，长虹在传统电视机市场的份额太大了，这使它没有充分重视互联网电视。但是，自从2013年9月小米进入互联网电视市场，事情变得不一样了。小米没有任何顾忌：我就是来"革命"的，也根本不需要做什么副牌，我的定位就是互联网电视，抢最大的概念，占最大的份额，收获最大的消费认知。小米一入局就"革命"，用这种差异化战略迅速进入了这一市场的第一阵营，并在十几年的时间里一直位居第一阵营的行列。

未来，小企业生存的难度真的很大，除非它能做出一个新的品类，并在这个品类里面数一数二。在一个大的赛道里面，如果在后面，就几乎没有机会。要是能开辟出一个细分品类，在这个品类里面能"称王称霸"，就能走上一条广阔的发展之路。我们做市场营销，首先要对市场进行细分，其次要在这个细分市场做一个品类，然后"称王称霸"。这才是经营企业的正确打开方式，也是高手通常会选择的做法。

以光华为例。光华现在做了一个细分品类——科学经营，这等于光华创建了一个新赛道。众所周知，光华是做培训咨询业务的，但全国范围内从事培训咨询业务的有7万多家企业，光华凭什么获得客户青睐，脱颖而出呢？有了科学经营这个新赛道，光华就能在这个赛道"称王称霸"，这就是光华的机会。如果没能及时找到这样一个定位，企业就很难被看到，容易慢慢走着走着就"死掉"了。

前文提及的澳大利亚的啤酒市场也是这种情况，它的竞争格局非常具有代表性。澳大利亚总共有1534家啤酒厂，其中最厉害的4家占了86%的市场份额，紧跟其后的10家占了10%的市场份额。这就意味着，14家啤酒厂占据了全澳大利亚96%的市场，而其他1520家只能在4%的市场中搏杀。

企业要反思自己，不要成为那1520家啤酒厂，而是要么成为头部，要么成为细分市场的头部，没有其他路了。对于一家中小企业或者初创企业来讲，肯定是成为细分市场的头部更有机会。

企业如果不能进入行业的领袖阵营，意味着基本上是赚不到利润的。这样的企业通常会赚点小钱,又迅速亏掉,再赚点小钱,继续迅速亏掉……就这样起起落落,周而复始,资金链一直处于紧绷的状态,企业维持日常经营有时都会遇到困难,更别提扩大生产规模或者研发新产品了。而要改变这种现状,唯有进入行业的领袖阵营。

而这种领袖主要有两种情况:第一是绝对的行业领袖,第二是细分市场的领袖。对于中小微企业来说,成为细分市场的领袖,才是最有机会、最可能实现的。

光华现在做的就是成为细分市场领袖的工作。我非常清楚,光华未来几年就会在科学经营这个细分市场"称王称霸"。当这个细分市场的边界不断拓宽的时候,光华会变得更加了不起,原本的小品类也可以成长为大品类。只要有战略性机会,一点一点扩展企业所在细分市场的边界,企业就会越做越好。

小米现在为什么牛?因为小米在各行业的数字化供应链能力都很强。它做拉杆箱、扫地机器人、空气净化器、净水器,都做到细分领域里面的头部。哪怕没有规模傍身,也是在细分市场"称王称霸"的。这是小米生态基本属性所在。

2023年4月,AI视频公司Pika Labs成立。仅仅7个月之后,它就实现了融资5500万美元,估值达到了2亿美元。2024年6月,该公司又完成8000万美元的融资,累计融资总额已达1.35亿美元,估值将超过4.7亿美元。这在AI到来之前的时代是很难实现的。Pika Labs取得这样的成绩,主要归功于它进入的是一个崭新的赛道。

随着互联网发展进入web 3.0时代,数字化开始在企业的差异化战略方面发挥着越来越重要的作用。前文提及的做汽配业务的蒋总就抓住了这个机会。原来,他的企业只是单纯提供汽车零配件,效益好的时候一年营收可以做到六七亿元，利润几百万元。后来，他深感单纯做汽配只会让企业的路越走越窄，就多方融资，并在融来的1亿多元资金中拿出2/3用于数字化软件及相关系统建设（目前，投入的资金已经超过1亿元）。现在，蒋总旗下的快准车服已经成为一家围绕汽修企业综合需求，以汽车配件为核心，并在金融、保险、物流、教育培训、技术支持、IT等领域为汽修企业提供一站式业务解决方案的数字化供应链服务平台。

据快准车服官网披露，截至目前，快准车服已经融资10亿元，建设服务站超2100家，与众多国际一线汽配品牌达成战略合作，服务中国绝大多数汽车维修企业，成为中国汽修行业的头部企业。此外，该企业还在俄罗斯等7个国家稳步推进"国家合伙人"战略，成功跨出中国汽配品牌海外出货的关键一步，成为进军海外的中国后市场企业先行者。

蒋总表示，如果没有一开始就把2/3的钱花在数字化上，绝对做不到弯道超车。

数字化在企业发展中发挥作用主要表现为两种形式：一种是"+数字化"，另一种是"数字化+"。大多数企业只能走"+数字化"的路线，利用现成的数字化工具软件来提高效率、增加收益。但是，对于一部分企业来讲，自己就会做"数字化+"，就会重构商业模式和运营模式。如果做得好，带给它们的都是几何级的增长。

众所周知，能实现几何级增长的企业毕竟是少数。对于企业来说，达到50%以上的增长都可称之为"非常规增长"，也称之为"大增长"。大增长有几种情况：第一，由外部风口、流量灌入，但是未来风口、流量越来越少；第二，由内部重新定义带来。我们将内部重新定

3 科学经营12349系统如何落地

义带来的增长称为"主动增长",将外部流量灌入带来的增长称为"被动增长"。

以前做电商,在淘宝上开个店,莫名其妙就几倍增长了,目标根本都没法定。我在给淘宝电商头部企业讲管理课的时候,有人就告诉我:"方老师,我没法做管理。比如,我们定下来2013年要做1000万元的营收任务,结果2013年1月就完成了全年目标。我们马上追加1000万元,结果过了一个多月,又完成了,这怎么定目标啊?"

现在,流量都已经厮杀封顶了,单纯依靠外部流量灌入实现增长的时代已经过去了。对于企业来说,目前要做的就是差异化聚焦,在细分市场要找到自己的鲜明定位,到细分市场"称王称霸"。这才是一个很重要的战略机会。大发展、大增长来自大的决策和选择,我们一定要有魄力去思考这个问题。

企业的战略选择和它的增长存在着非常紧密的关系,选择的是一个什么样的结构,就变成一个什么样的增长局面。战略的选择,往往在于我们对整个企业的认知和取舍。"不要用战术的勤奋,去掩盖战略上的懒惰。"战略时间比较长,可能是10年、20年,甚至50年的规划;战术是当下的打法,时间比较短。战略是一个目标,战术是具体打法。战略是舍九取一;战略是方向,是目标,是规划。尤其要注意:战略是取舍。

在德鲁克看来,系统性地抛弃过去本身就是一项战略规划。很多人之所以做不出战略,就是因为一直因循守旧,按部就班。战略最大的敌人就是舍不掉过去。今天怎么做,明天还怎么做。去年怎么做,今年还怎么做。这哪有战略可言?剩下的只是一地鸡毛。

战略就意味着不断地聚焦,找到细分市场,找到独特性,找到独一无二的东西。一个人说不出来自己的企业等于什么，就代表着该企业的战略非常模糊，很不聚焦。只要聚焦在一个点上，管理者就会突然发现自己的企业等于什么，战略就出来了。

战略就意味着要舍九取一，战术则要利出一孔。我们搞战术，做资源配置，"利出一孔"中的"一"和"舍九取一"的"一"是同一个"一"。战略上的"舍九取一"就是要打井，要选择一个很狭窄、很微小的角度切入；战术上的"利出一孔"，就是将所有的核心资源配置向选好的角度倾斜、聚焦。

战略是对目标与当下资源的权衡。空有目标，储备资源严重不足，配置出问题，或者把战略性资源丢到离目标很远的地方，这些都不利于战略目标的实现。战略不仅仅是对目标的制定，更是对当下资源的盘点与配置。比如，我们有人力资源、资本资源、财务资源、品牌资源、产品资源，怎么把这些资源往那个"一"（即我们选择的焦点）集中火力，饱和攻击。

经营企业，制定战略一定要"舍九取一"，聚焦，聚焦，再聚焦；制定战术一定要"利出一孔"，团结，团结，再团结。战略和战术一融合，企业就拥有了战斗力。这个"战"字，左边是"占"，右边是"戈"，也就是用兵器打仗去占领一个制高点。真正制定战略、战术，一定要打仗。真正的战略落地都要打几场仗，而且是必赢之仗（包括业绩之仗、能力之仗）。这都要形成制度表格落实下来。它不是年度性的，而是周期性的，一般不超过90天。一场仗基本上需要一两个月，最多不超过三个月。这是围绕着战略、战术，到最后用打仗的方式去抢占一个制高点。

经营企业的人一定不要只重视战术上的勤奋，而忘了深度思考。天天在错误的轨道上花费很多精力，在非战略机会点上消耗大量资源，是非常可怕的事情。遗憾的是，不少企业就是日复一日、年复一年这样做。没有真正把力气、资源、资金等花在"舍九取一，利出一孔"的"一"上面，企业就前景堪忧。

我们一定要小心低水平的勤奋，而要做到这一点，就要升维认知（图3-8即展示了一个人的认知层次对解决问题的影响）。当甲的认知位于A层次时，A层次一定存在一些甲解决不了的问题。这时，甲会迷茫。要完全解决A层次的问题，甲就必须要把自己的认知升级到B层次。将认知升级到B层次之后，甲会突然发现A层次的问题都变得很简单了。当认知在B层次一个阶段后，甲又会面临尴尬的处境：他发现，B层次的有些问题是他解决不了的。这时，要完全解决B层次的问题，甲需要将认知提升到C层次。当认知在C层次一个阶段后，甲又悲催地发现，C层次的有些问题，他还是解决不了，还是要继续升维才能解决当前低维层面的问题……我们必须站在更高的维度才能解决当前低维度的问题。

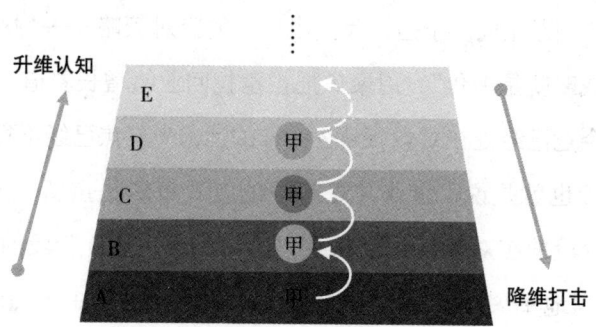

图 3-8 认知层次对解决问题的影响

3. 科学经营的企业增长要依靠战略聚焦

科学经营曲线是一个很好用的工具。我和光华的同事们在做管理陪跑或增长陪跑之前，都要先与需要陪跑的企业一起分析判断该企业处在科学经营曲线的哪个阶段，然后再制定战略，落地执行。几年下来，效果还是非常好的。

在具体实践中，大家对 A、D、E 三个阶段的判定一般不会出现较大的认知偏差，但对 B 和 C 阶段的判定却很容易出现。从 B 到 C 的这条线叫荣枯线，说明企业的业绩在下滑。在 B 阶段时，企业尚在赢利，但市场份额和增长率一直是下降的。从 B 阶段一路到达 C 阶段时，企业不仅无法控制业绩的下滑，而且还出现了亏损。企业处于 B 阶段和 C 阶段时，使用的应对策略并不相同。

以护童为例。某天，护童的杨总和白总跟我沟通陪跑事宜，我就把科学经营曲线这张图打印出来。五个阶段分析完毕，我请两位老总判断护童目前处在哪个阶段。杨总一下子就指出护童目前正处于 B 阶段，和我的判断相同。于是，我提出相应的应对策略——"接下来，我们要做的战略就是聚焦"，用聚焦把护童拉回业绩增长赛道。

如果企业已经处在 C 阶段呢？那样的话，光聚焦已经不行了，还得重新定义，也就是说，企业在 C 阶段的应对策略是重新定义＋聚焦。此外，A 阶段的应对策略是继续增加投入＋聚焦，D 阶段的应对策略是建立根据地＋聚焦，E 阶段的应对策略是做生态＋聚焦。请注意：聚焦，贯穿企业的所有阶段。所有企业的灾难都源于不聚焦。所有企业做战略失败的根本就在于不聚焦，因为不聚焦忽视了资源是有限的，精力是有限的，时间是有限的。当开始忽视聚焦的时候，企业就很容易走下坡路。

其实，现在的阿里也处在 B 阶段，面临着非常大的挑战跟压力。如果业绩继续下滑，进入 C 阶段，就会兵败如山倒。有鉴于此，阿里用了两招来做聚焦。

第一招，切割。

众所周知，阿里旗下公司非常多。原来，只要是阿里旗下某一公司的员工，就都可以拿着自己的工牌，畅通无阻地进入所有阿里系公司。现在不可以了。钉钉是钉钉，闲鱼是闲鱼，菜鸟是菜鸟，盒马是盒马，国际站是国际站，阿里云是阿里云。员工只能拿工牌进入自己所在的公司。此举意在要求旗下的每一家公司都聚焦自身，把自己负责的业务做好。

第二招，变卖公司财产。

阿里变卖公司财产，主要体现在两个方面：一方面，减持与主营业务不相关的非核心业务公司的股份；另一方面，卖掉旗下一些与主营业务关联不大或不相关的非核心业务公司。

无论企业规模如何，聚焦都是必须要做的。聚焦是当今时代企业最稀缺的能力。如果企业不聚焦，即使再对原来的组织结构和战略进行解构，其增长也仍然面临巨大的挑战。通常情况下，战略聚焦会面临以下几个问题。

第一，我们为客户解决哪"一个"问题。

实际上，最难的就是如何找到为客户解决哪"一个"问题，但这个问题最好更具象化一些。就拿光华来说，在没有科学经营之前，很多人问我："光华到底在帮助企业解决什么问题？"我犹豫半天说："我们在帮助企业解决人才发展问题。"但是，人才发展的问题又涵盖不了光华的咨询业务、陪跑业务、软件业务等。这就是光华在原先出现的一定程度的闪失和一些模糊的定位。现在不同了，光华就是为客户解决高质量发展问题的。

原先，不少企业都处在野蛮生长的阶段，没有也不会高质量发展。现在，它们可以用科学经营去解决企业高质量发展的问题，去解决企业不会科学经营的问题。光华就干这件事情。无论是培训业务，还是咨询陪跑业务、软件业务，都意在帮助客户解决同一个问题，这个问题就是高质量发展的问题。

再来看新能源汽车。比如，理想的定位是服务家庭用户，尤其是有孩子的家庭，使命是创造移动、幸福的家，它要解决一个家庭完美出行的问题。商务SUV通常都是7座车，前面两排座位会设计得很气派，最后一排座位就比较尴尬，一般比较窄，会让坐这排座位的人感觉很不舒服。但是，理想的7座车坐上去就没有这个感觉，连最后一排座位都设计得很豪华，有的车型还可以实现中间一排座位360度旋转，这样一来，坐在中后排座位的人就可以组成一个小团队。这样的设计可以给乘坐者带来更好的出行感受。从整个家庭完美出行的角度来讲，理想确实做得不错，很出色地解决了问题。

我们要在战略意图设计的过程中找到穿透点。找不到穿透点，情况就很糟糕。找到穿透点之后，还要从中找到机会增长点，并最后从机会增长点中提炼出破局点。哪怕只是做结构化的增长设计，有一些关键问题，我们也是不能懈怠、不能边界模糊不清的。否则，我们就很难实现聚焦。你有这样的认识，他有那样的认识，企业的增长体系就是一盘散沙，容易变得混乱。比如，光华的定位是帮助客户解决高质量发展的问题，即不会科学经营的问题。很显然，在这个层面上，光华等于科学经营。只有科学经营也等于光华,才代表光华的聚焦做到位了。

第二,我们服务哪"一类"客户。

这个问题也困扰了光华相当长的时间。光华有个"个十百千万工程",2020年之前,都是把重点放在每年合作1000多个客户("千")、训练1万多名学员("万")上;从2020年开始,做了聚焦,聚焦到"个十百"上,把重点放在头部企业、准头部企业,然后到成长型企业。对于光华来说,清晰地知道现在的重点客户是谁,才是关键。现在,光华的定位变成服务头部、准头部企业了。光华团队的同事们不会再把所有企业都列入光华的客户名单了,因为这样会把资源摊薄,以至不能为真正的客户做好服务。

光华的经历是广大企业的一个缩影。对于企业来说,一定要有清晰的定位,一定要想清楚自己究竟要为什么类型的客户服务。

第三,我们在哪"一个"方面能做到第一。

不同的企业定位并不相同:有些定位高端市场,有些定位中端市场,有些定位低端市场。实际上,很多时候,只有大公司、头部企业才可以定位中端市场,刚创业的小公司、中小微企业做中端市场都很容易"死掉"。有一些创业公司更是把自身的定位弄得很奇怪,以为自己上可以打入高端市场,抢走高端客户,下可以沉入低端市场,跟低端客户打成一片。这纯属"找死"。这种定位是最差的定位,是没有增长性的定位。定位中端市场,意味着企业既做不过定位高端市场的,又做不过定位低端市场的。定位高端市场的企业进军中端市场,属于降维打击;定位中端市场的企业下沉低端市场,若是在性价比方面比定位低端市场的企业做得差,就很容易失去竞争力。

虽然低端市场属于大众市场，进入难度会低一些，但今天创业，如果我们再去选择低端市场，那就是一种不自信的创业，企业大概率是要"死掉"的。作为一家刚刚创业起步的小微企业，从高端市场切入，更容易成功一些。比如，我们做一家培训企业，只要企业有三五个大客户，就可以养活整个团队了。要是定位低端市场，企业要面对的就是头部企业的标准化竞争，因为低端代表着大规模的标准化制造生产，要讲究极致性价比。一家初创培训企业根本拼不过像光华这种已经做了20年的同行，很难跟这个行业里有实力的企业去竞争。

只有把高端市场、垂直聚焦、时间积累三者结合起来，一个项目一个项目地定位，我们做起来才会轻松，才会获得可观的利润，才能形成可持续的商业模式。

高端市场有个特点，那就是我们锁定了一个高端客户，这个高端客户会帮我们介绍另外的高端客户，我们只要把这个高端客户服务好就行了。低端市场还会存在不看好某家企业的情况，但高端市场非常强调转介绍概率。服务好一个高端客户，就能给我们带来多个高端客户，企业的局面就打开了。

需要特别注意的是，我们要做好垂直服务，必须将服务做得很到位。高端市场有高端市场的要求，我们要想服务好高端客户，就一定要在某个方面做到第一。就像光华做了20年，我和团队的同事们终于决定要在科学经营这个领域做到第一。因为这种第一，会凝聚团队、感召客户，会让原来的老客户有成就感和荣誉感，会让企业朝着良性的方向去做可复制增长。

对于企业来说，要做好战略聚焦，就要注意这"三个一"：一个问题，一类客户，一个第一。各个行业、各个类目都是这样的（如图3-9）。

3 科学经营12349系统如何落地

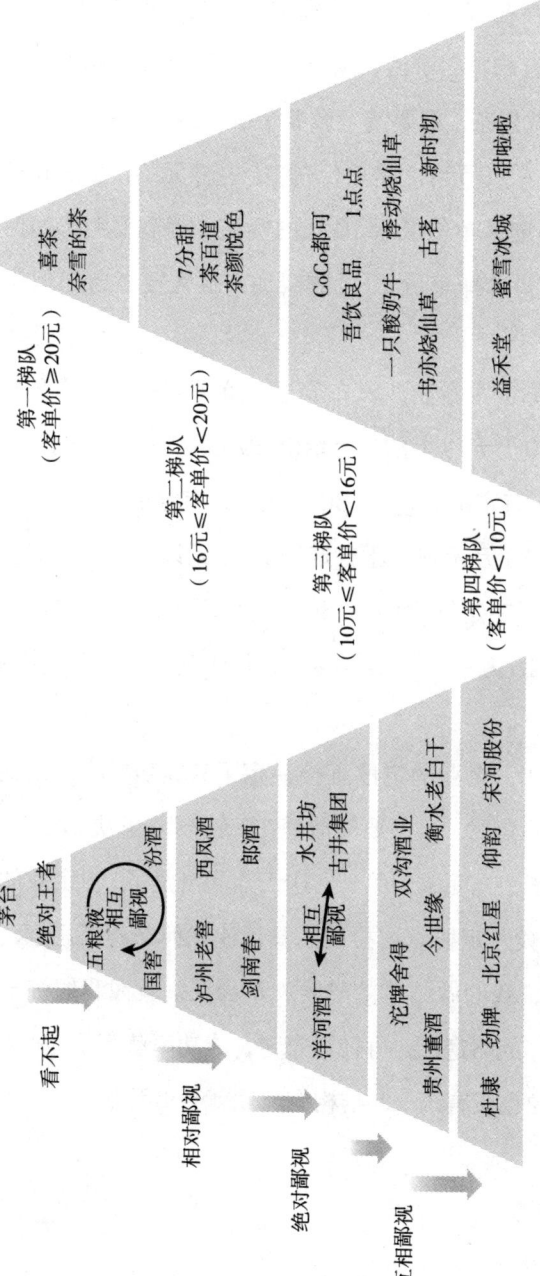

图 3-9 白酒行业鄙视链与奶茶行业价格梯队

每一个类目都存在着一条隐形的鄙视链。在白酒行业里，茅台属于绝对的王者。像五粮液、汾酒、国窖就存在彼此看不起的情况。奶茶行业则不同。要做奶茶，就要清楚做哪个价位的。是单价高于20元的，还是单价在16～20元的？是单价在10～16元的，还是直接单价低于10元的？如果选择单价低于10元的赛道，就需要考虑如何跟蜜雪冰城竞争；如果要选择单价15元的赛道，就需要考虑如何跟古茗竞争。

再如，我们打算进军新能源汽车赛道，就需要先了解该赛道的行情。它们有定价100万元以上的，有定价50万～100万元的，有定价30万～50万元的，有定价20万～30万元的，有定价15万～20万元的，有定价10万～15万元的，还有定价10万元以下的。目前，每一档定价里都有王者。在定价20万～30万元的区间，最大的竞争对手是特斯拉；在定价15万～20万元的区间，最大的竞争对手是比亚迪、小鹏……

综上，不难看出，企业的定位直接决定了其成功概率。因此，我们在为企业做战略聚焦时，必须要问清楚"三个一"：解决哪一个问题，服务哪一类客户，哪个方面做到第一。这三点问清楚了，对企业的增长非常有帮助。有时候一定要有这样的工具，让我们来不断思索，做一些深度思考。这样，我们做结构的时候就不会乱。就像我们统一了业务视角一样，统一了战略定位，再往前推进，成功率就高了。业务视角没有统一，战略定位也没有统一，结构有时候就会出问题。

■ ■ ■ ■ **科学经营系统助力企业战略落地**

1. 差距分析：找出机会在哪里

科学经营系统要落地，需要看到差距。差距本身就是一种感受、一种不满意，不满意才会激发企业前进。那么，差距是怎么来的呢？众所周知，每家企业都会有自己的愿景和目标，即企业想达到怎样的高度，也就是战略意图。这是一个待实现的模块。企业现在已经取得的市场结果是执行战略意图的结果，属于已经实现的模块。二者的差就是企业未来需要改变的问题（如图3-10）。

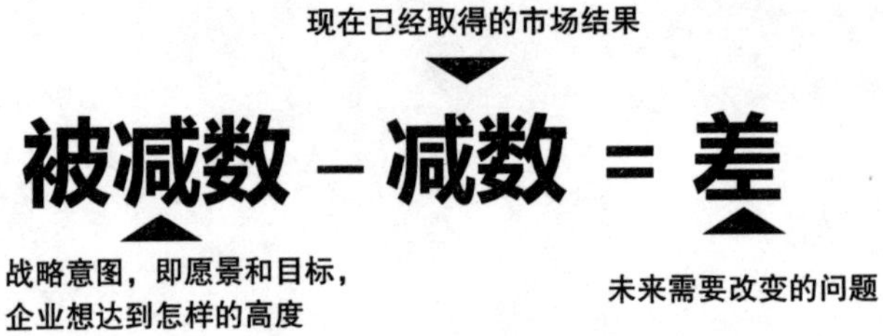

```
                        现在已经取得的市场结果
                                ▼
         被减数 – 减数 = 差
         战略意图，即愿景和目标，        ▲
         企业想达到怎样的高度         未来需要改变的问题
```

图 3-10　差距计算公式

在差距计算公式中，被减数越大，减数越小，差就越大，即差距就会越明显。一个有挑战性的被减数，往往是让企业产生差距的根本原因。领先的反义词并不一定是落后，往往是甘于平庸。甘于平庸，就很难积极进取。慢慢地，企业也就失去了抵御风险、实现高质量发展的能力。差距的重要性由此可见一斑。

在科学经营系统中，差距主要包括两个方面的内容：业绩差距和机会差距。业绩差距是可以通过执行体系的改善和管理水平的提升来弥补的，机会差距则必须要通过战略的创新才能解决。我们要分清楚这两个差距，搞明白企业面临的是哪一个。

"过去 5 年，企业业务急剧增长。在此期间，产品质量有所下降。我们引进六西格玛的尝试失败了。在过去 12 个月里，我们失去了 5% 的市场份额。每一个百分点代表着约 5 亿美元收入损失。我们要在未来 24 个月收复损失掉的市场份额。"这是典型的业绩差距。

"目前，基于我们现有客户的业务增长每年只有 5%，且客户的期望不断上升。如果我们能向价值链高端转移，从提供单个产品或部件发展到提供整体解决方案，不仅能够在存量客户中挖潜，还能在新市场中争取客户，这样我们就能将收入和利润在未来 3 年里提升 20%。"

这是典型的机会差距。

目前,大部分企业都在弥补业绩差距,却没有多少人真正深入思考企业的发展问题。要让企业真正实现发展,就要善于发现战略机会,寻找机会差距。这也透露出一个重要的信号:弥补机会差距比业绩差距更重要。

华为就是一家善于弥补机会差距的企业。从成立之初到2010年,华为一直以运营商业务为主。2010年,其营收更是达到了1852亿元。此时,在运营商业务领域,包括华为在内的几大巨头格局基本确定,很难再有大的增长和突破。于是,2011年,华为开始弥补机会差距,并抓住了两次战略机会,果断增加了企业业务、消费者业务两大业务模块。2024年,华为的营收超过了8600亿元。华为如果一味埋头拉车,一味在业绩差距上做文章,就很难取得如今的成绩。

弄明白业绩差距和机会差距的区别,对我们进行差距描述有很大的帮助。差距描述要符合两个标准:一是要量化,二是要面向未来。只有面向未来,才更有可能去提高企业的绩效。我们进行差距分析,主要是找不足,找原因,然后改善管理。有些问题,甚至要从战略机会上去把握。

通常情况下,差距产生的根本原因主要包括以下三个。

第一,习以为常的业务模式已经不符合市场的变化及趋势。

第二,组织的执行体系,尤其是组织能力,无法承接新战略的要求。

第三,缺乏将战略落实到执行需要的领导力和价值观。

我们进行差距分析的时候,可以从以下几个方面入手。

第一,设定的战略目标,在一些关键的绩效目标和财务目标上,是否存在差距。

第二,与行业主要竞争对手相比,我们在哪些方面存在差距。

第三,存在哪些市场机会(机会差距)。

第四,哪些是最关键的差距(尽可能具体和量化),产生差距的根本原因是什么。

通过分析,我们可以得出以下几个结果。

第一,简要的差距描述。

第二,形成差距的根本原因。

第三,确定承担缩小差距责任的负责人。

以上就是我们做差距分析的整个过程。弥补业绩差距带来的增长属于小增长;通过发现机会差距来做业务重新设计、战略创新,推动企业进入战略性发展阶段,由此带来的增长属于大增长。唯有实现大增长,企业才能进入可持续高质量发展的快车道。

2. 战略意图:看清终局在哪里

2.1 制定战略意图,要做到"三定"

《隆中对》是千古名篇。这份诸葛亮给刘备的三分天下战略规划(如图 3-11),没有一句废话。

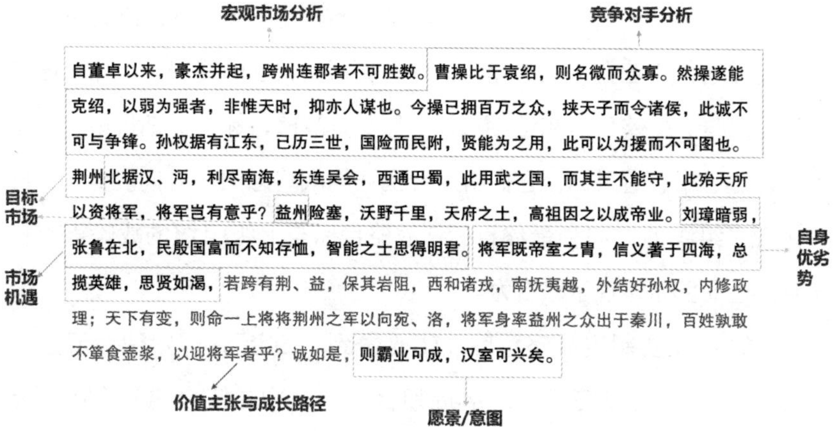

3 科学经营 12349 系统如何落地

```
                    宏观市场分析                           竞争对手分析
        ┌─────────────────────────────┐ ┌─────────────────────────────────┐
        │ 自董卓以来，豪杰并起，跨州连郡者不可胜数。│ │ 曹操比于袁绍，则名微而众寡。然操遂能 │
        │                             │ │ 克绍，以弱为强者，非惟天时，抑亦人谋也。今操已拥百万之众， │
        │                             │ │ 挟天子而令诸侯，此诚不 │
        │                             │ │ 可与争锋。孙权据有江东，已历三世，国险而民附，贤能为之用，此可以为援而不可图也。│
目标     │ 荆州北据汉、沔，利尽南海，东连吴会，西通巴蜀，此用武之国，而其主不能守，此殆天所  │                          自身
市场     │ 以资将军，将军岂有意乎？益州险塞，沃野千里，天府之土，高祖因之以成帝业。刘璋暗弱， │                          优劣
        │ 张鲁在北，民殷国富而不知存恤，智能之士思得明君。将军既帝室之胄，信义著于四海，总   │                          势
市场     │ 揽英雄，思贤如渴，若跨有荆、益，保其岩阻，西和诸戎，南抚夷越，外结好孙权，内修政   │
机遇     │ 理；天下有变，则命一上将将荆州之军以向宛、洛，将军身率益州之众出于秦川，百姓孰敢   │
        │ 不箪食壶浆，以迎将军者乎？诚如是，则霸业可成，汉室可兴矣。                    │
        └─────────────────────────────────────────────────────────────┘
            价值主张与成长路径              愿景/意图
```

图 3-11 《隆中对》的三分天下战略规划

在《隆中对》中，诸葛亮首先进行了时局分析，在商业环境中称为宏观市场分析。"自董卓以来，豪杰并起"，也就是说，这是一个群雄逐鹿的局面。其次，他为刘备分析了两位主要的竞争对手曹操和孙权的情况。在商业环境中，拥有类似曹操和孙权实力的企业通常就是行业中的大企业。它们基本上决定了市场的基本规则，也决定了市场竞争的基本格局。

接下来，又分析了刘备的目标市场、市场机遇及自身的优劣势。对于刘备来说，中原和江东已经没有他的用武之地，身为通衢之地的荆州和拥有险塞、沃野的益州才是他最好的选择。刘备能够在这两地大显身手，一方面是因为两地具有的天然优势，另一方面是因为它们目前的主人都不具备守住基业的实力。刘备本身是汉室宗亲，有很高的声望，又求贤若渴，是百姓心中的明君之选。

随后，诸葛亮提出了价值主张和成长路径——在治理内政的同时外结孙权、西和诸戎、南抚夷越，一旦天下有变，则向宛、洛等地进军。最后，

形成了战略意图——霸业可成，汉室可兴。这也是刘备霸业的终局。

同样地，企业在形成战略意图时也要考虑自己的终局。战略意图包括使命愿景、战略目标和近期目标。愿景、战略目标、近期目标，就是企业的远、中、近目标，它们指引着企业的战略意图和方向。其中，愿景体现了组织的方向和最终目标，战略目标与上级组织的战略重点相一致，近期目标体现了感召力。

一家企业要制定战略意图，就要做到"三定"，即定使命愿景和核心价值观，定战略目标，定近期目标。其中，使命愿景（Misson Vision，简称MV）一般是10年以上的规划；10年以内的，称不上使命愿景，只能是战略规划。战略目标通常在战略规划中体现。战略规划（SP）一般是3~5年的规划。近期目标则通常体现在年度业务规划中。年度业务规划也叫年规（BP），也就是一年内的业务规划。

企业在做SP时可以使用3年SP滚动的模式。它们通常会选择在每年4—6月做市场洞察，8—9月进行优化。比如，2024年8—9月，优化的SP可能是2025—2027年这3年的。到2025年8—9月，优化的则是2026—2028年的SP。如此，便形成了一个可连续的战略规划设计。BP则是不断循环的，是不间断地持续优化的，通常会在每年10月批准，11月做明年的BP，12月解码，落实到部门和具体员工。BP是按照每个月定的，执行就好了。有这样的过程，MV、SP、BP才能真正实现落地。

遗憾的是，不少企业虽然有MV、SP、BP，但是根本没有落地的逻辑。从初心到愿景的路途从来都不平坦，它不是一条直线，中间会经历大量的生死。马斯克就很值得我们去学习，如果他在遭遇火箭爆炸事故后一蹶不振，也就没有后来的一系列成功了。

2.2 使命、愿景和核心价值观是企业的定海神针

使命、愿景和核心价值观不仅是制定战略意图的重要内容，还是企业文化的三个核心要件。其中，使命是站在客户的角度，思考我们要帮助客户解决一个什么样的核心问题；愿景是站在企业的角度，思考我们要成为一家什么样的企业；核心价值观是站在团队的角度，思考要完成这样的使命，要达成这样的愿景，团队应该秉持什么样的精神，应该要有什么样的操守。

比如，光华的使命是用科学经营助推企业高质量发展。对于光华的客户来说，如何实现从野蛮生长到高质量发展，是他们发展过程中的痛点和核心问题。光华用科学经营解决了这个问题。

光华的愿景是服务1万家企业绩效飞轮的应用实践；帮助1万家企业实现科学经营系统落地；到2035年，赋能陪跑企业合计GDP规模过1万亿。光华的愿景是非常具体的，也就是说，光华对于自己要成为一家什么样的企业这件事非常明确。

…………

使命、愿景、核心价值观，是企业的三个基础要素，是企业的定海神针。没有它们，企业发展就缺乏内部凝聚性，缺乏战略定力。一旦战略定力失效，企业的路就会走偏，甚至会走到别人的赛道上。走错赛道的企业，其结局可想而知。

当然，使命、愿景、核心价值观，也不是一成不变的。比如，阿里此前的愿景是分享数据的第一平台，幸福指数最高的企业，活102年。升级后的阿里新愿景变为：追求成为一家活102年的好公司，让客户相会、工作和生活在阿里巴巴。

再如，腾讯此前的使命是通过互联网服务提升人类生活品质，愿景是成为最受尊敬的互联网企业。升级之后的使命和愿景统一为"用户为本，科技向善"。

随着外部环境的不断变化、企业的不断发展，企业需要及时更新、升级愿景、使命、核心价值观，使得其越来越清晰，越来越坚定，越来越成为全员同频共识的定海神针。

2.3 目标管理已成为大势所趋

在更新升级愿景、使命、核心价值观的同时，企业的管理方式也发生了变化。指标管理的时代已经过去了，目标管理(MBO)的时代已经来临。进入21世纪后，目标成为管理界的"热词"。

为什么KPI受到了企业的冷落？问题还是出在这个"I"上。KPI的"I"是指标的概念，而MBO的"O"是目标的概念，这两者存在很大的差异。

KPI属于以指标为基础的绩效管理，此类管理的特点是：自上而下，强制规定；指标片面，局限很大；企业指标库建设十分困难，适配性差；指标相对固定，机动灵活性很差；简单粗暴，甚至以偏概全，属于典型的"懒政"；只重结果，不管过程；员工压力巨大，容易流于应付；属于处罚性的制度，恐惧驱动，为达指标不择手段，尤其牺牲中长期利益；竭泽而渔，后继乏力；容易伤害企业的长期利益，动摇企业的立足根基。

以目标为基础的绩效管理就很不同，此类管理的特点是：自上而下+自下而上；全面规划；人人制定目标，月月做精进；目标内涵丰富，机动灵活性强；千人千面，精细管理，系统全面；既重过程又重结果；"跳一跳"能实现，创新突破；激励性机制，激励驱动；分解、拆解、对齐时就已有方法；立足当下，放眼未来；长期、短期利益两手抓，平衡性好。

由此，我们不难看出，以目标为基础的绩效管理才是大势所趋。

2.4 BSC（平衡计分卡）是企业绩效管理的主流工具

目标管理出现的时间并不晚，它是德鲁克于 20 世纪 50 年代提出来的。遗憾的是，德鲁克告诉我们要做目标管理，却没有告诉我们目标从哪儿来，所以目标管理没有形成闭环。

企业的使命、愿景、战略和员工日常工作之间存在着差距（如图 3-12）。也就是说，从企业的使命、愿景到战略，再到员工个人目标，中间始终缺少一座桥。没有这座桥，企业的战略是企业的，员工的行动是员工的，两者是隔开的。BSC 让使命、愿景和日常工作连接起来，实现了战略目标，能够把战略转化为员工的日常工作，它就是这座不可或缺的桥。有了它，目标管理才形成了闭环。

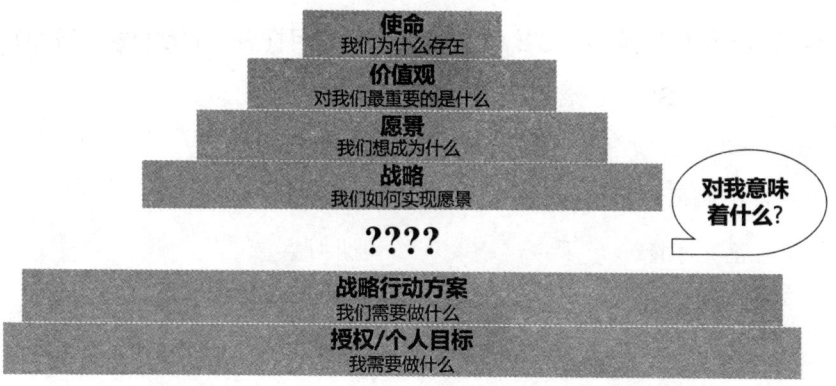

图 3-12 使命、愿景、战略和员工日常工作存在着差距

平衡计分卡(BSC)是指基于企业战略规划,从财务(F)、客户(C)、内部流程(I)、学习与成长(L)四个角度,将战略规划目标逐层分解转化为具体的、相互平衡的业绩指标体系,并据此进行绩效管理的方法。表3-6即为一张简单的BSC表格。

表3-6 一张简单的BSC表格

角度	目标项	结果目标	驱动目标
财务(F)	F1 提高资产回报 F2 扩大销售来源	KPO	/
客户(C)	C1 增加客户满意度	/	CPO
内部流程(I)	I1 提升对客户的了解 I2 提高创新产品 I3 提高交叉销售	/	CPO
学习与成长(L)	L1 P4以上增加20% L2 用好绩效飞轮 L3 做好员工四新培训	/	CPO

在表3-6中,BSC的四个角度分别对应不同的目标项,其中财务目标属于结果目标(KPO),其他三项非财务目标属于驱动目标(CPO)。除此之外,BSC还蕴含着因果关系(如图3-13)。

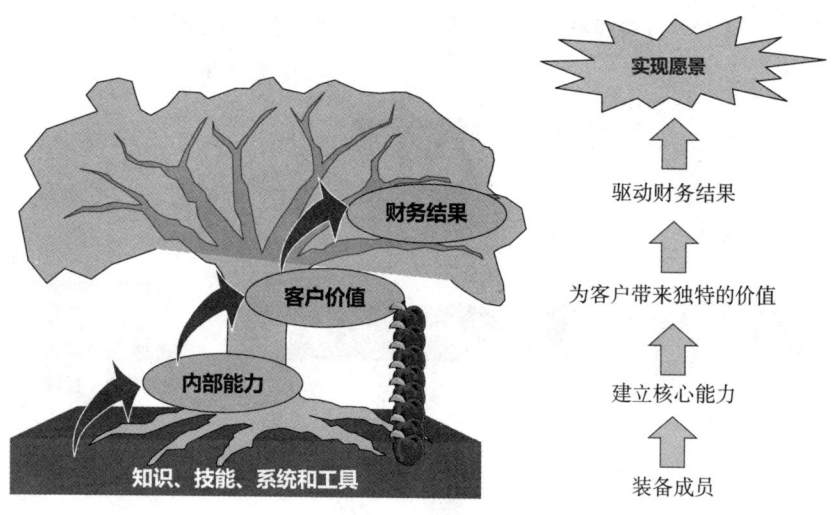

图 3-13　平衡计分卡蕴含因果关系

在图 3-13 中，BSC 蕴含的因果关系体现在一棵树上。树的最下面是学习与成长，用知识、技能、系统和工具装备组织的成员。从这里往上是内部流程，它建立了组织的内部核心能力。装备人员是因，建立核心能力是果。再往上是客户目标，目的是为客户带来独特的价值。最上面的是财务目标，目的是驱动财务结果。为客户带来独特的价值是因，驱动财务目标的实现是果。最后，组织愿景得以实现。这棵关系树体现了一条整体的因果驱动链。

BSC 不仅拥有整体的因果驱动链，还有出色的平衡能力（如图 3-14）。比如，BSC 能够出色地实现财务目标与非财务目标（客户、内部流程、学习与成长目标）的平衡，结果目标（财务目标）与过程目标（客户、内部流程、学习与成长目标）的平衡，长期目标（内部流程、学习与成长目标）和短期目标（财务、客户目标）的平衡，内部目标（财务、内部流程、学习与成长目标）和外部目标（客户目标）的平衡。

图 3-14　平衡计分卡如何"平衡"

正是基于以上优点，BSC 在引进国内仅仅 4 年之后就风靡全中国。直到现在，它仍然是世界范围内企业绩效管理的主流工具。

2.5　BSC 落地实践的"12345"

2.5.1　什么是 BSC 落地实践的"12345"

既然 BSC 是世界企业绩效管理的主流工具，那么企业该如何应用它呢？按照传统做法，企业需要画出战略地图，制订行动计划表，填写 BSC。遗憾的是，不少企业反映，BSC 的落地实践太难了。为什么企业会有这样的反映呢？经过调研，我发现，对于大多数企业来说，BSC 落地难就难在负责操作的人员画不出战略地图上，而他们画不出战略地图的原因通常是操作难度太大。

为了实现 BSC 的快速落地,我对传统做法进行了简化,使其变得简单易行,让一般人都能轻松学会。我把一图(战略地图)、一表(行动计划表)、一卡(BSC)去掉,让其变成"一张大表直通到底"。这种简化的做法被我命名为 BSC 落地实践的"12345"。

其中,1 即 1 张表,指 BSC 大表(见表 3-7),将战略地图、行动计划表和平衡计分卡三合一,实现"一张大表通到底"。

表 3-7 BSC 大表

目标角度	一级目录	二级目录	目标项描述	权重	底线	达标	冲刺	评价方法	行动方案
财务(F)	效果	增加企业收入							
		降低企业成本							
		提高客户价值							
		关键工作成果							
	效率	提高人效							
		提高资产利用率							
客户(C)	产品/服务	提高产品/服务质量							
		增加新产品/服务项目							
		优化产品/服务生态							
	关系	提高客户满意度							
		重点客户侧重							
		渠道通路							
		价值共生							
	品牌形象	品德塑造							
		品牌传播							
		自媒体							

(续表)

目标角度	一级目录	二级目录	目标项描述	权重	底线	达标	冲刺	评价方法	行动方案
内部流程（I）	运营管理流程	优化供应链管理							
		优化营销管理							
		内部管理创新							
		强化服务							
		体系建设							
	客户管理流程	流量矩阵							
		客户沉淀							
		业务转化							
		客户分层分级							
		协同共创							
	创新流程	新机会							
		新产品/新服务							
		新模式							
	法规与社会流程	法规与社会							
		其他							
	其他	其他							
学习与成长（L）	人力资本	培训与学习							
		关键人才与干部							
		知识管理							
	信息资本	数字化							
	组织资本	领导力提升							
		企业文化建设							

2即2条线,指业务线BSC和非业务线BSC。其中,前者关注的是经营性目标,如收入、成本、利润、投产比等,聚焦业务结果,衡量标准清晰,很好量化;后者关注的则是关键工作成果与企业运营效率,聚焦重要的工作内容,很难量化,要拆解成关键的行为动作。

比如,下个月要实现营收100万元,这就是经营性目标。HR经理下个月要找到10个业务员,这就是HR经理的一项关键工作成果。要完成这一成果,就要拆解HR经理的动作,思考做什么关键动作。

3即3条边,指"BSC老方三条边"(如图3-15),特别是分解(分)、拆解(拆)和对齐(对)3件要事。

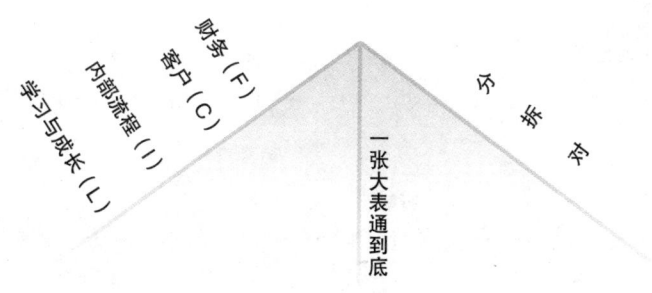

图3-15 BSC老方三条边

4即4个角度,指BSC的4个维度:财务、客户、内部流程、学习与成长。其中,财务是结果,客户是路径,内部流程是体系,学习与成长是人员装备。比如,某企业明年有个目标项——上一套CRM软件。它不是放在内部流程里面,而是放在学习与成长里面。

5即5个内容,指定好目标的5个方面:目标项描述、权重、低中高区位值、评价标准、行动方案。

综上,BSC落地实践的"12345"又可简称为"1表2线3边4角

5内容"。

2.5.2 BSC落地实践的核心——"分拆对"

所有邀请光华辅导的企业,光华都会帮助其做好BSC落地实践。这项工作的核心就是做好BSC落地实践的"12345"中的"3",即"BSC老方三条边",特别是分解(分)、拆解(拆)、对齐(对)三件要事,具体说来,就是分解目标、拆解动作、对齐能力。

做好"分拆对"的关键就是图3-16展示的目标主线全景图。

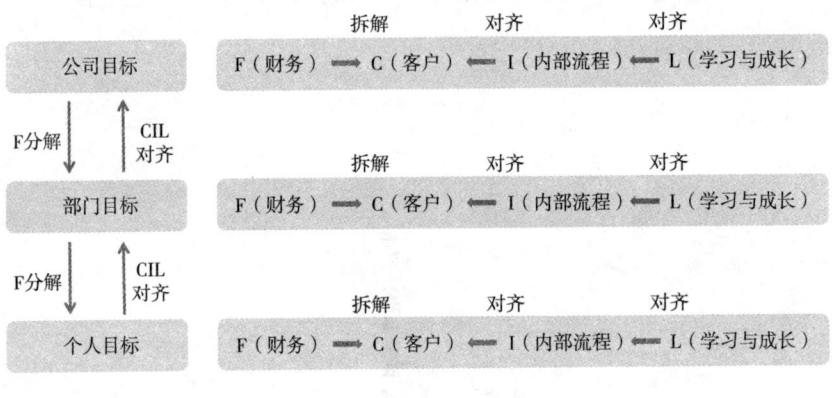

图3-16 目标主线全景图

公司目标一级级往下分解,叫分解目标。分解目标包括公司目标(F部分)分解到部门,部门目标分解到个人,以及把大目标按产品、区域、时间、部门等不同维度分解,一般是自上而下的。比如,公司的业绩目标是1亿元,分配到某部门要做2000万元,分到某个人要做100万元,这就是F部分的分解。需要注意的是,不是所有的公司目标都要往下分解。客户(C)、内部流程(I)、学习与成长(L)这3个角度的目标,是下级主动去对齐上级的:个人目标对齐部门目标,部门目标对齐公司目标。

要完成财务目标F，需要客户目标C做出什么样的关键动作，这就是拆解动作。比如，企业将一年的财务目标定为100万元，这时我们就要考虑做出哪些关键动作才能实现它。BSC落地的关键就在这里。不少企业把一年的财务目标定为1000万元，到最后只实现了100万元，拆解动作没做到位是主要原因。

对齐能力是指I与L部分要对齐C部分。I偏组织体系，L偏个人赋能，C不走样，I与L的能力部分怎么支撑？IL不仅要对齐自己的C，同时也要对齐上级的I和L。

"分拆对"是如何发挥作用的呢？下面我就以某公司2024年的年度业务规划为例来说明。表3-8即为该公司2024年年度业务规划原始版。

表3-8　2024年某公司年度业务规划原始版

角度	具体内容
财务（F）	F1 毛利突破1亿元 F2 人效（人均毛利）突破70万元
客户（C）	C1 软件业务占40%，咨询业务占20%，培训业务占40% C2 on-line：20%；off-line：40%；OMO：40% C3 大客户业务占比30%以上 C4 渠道业务占比10%以上
内部流程（I）	I1 形成各业务主线的运营管理体系（尤其是品质管理） I2 私域营销体系建成并初见成效 I3 大客户开发服务体系全面落地并成效显著 I4 一体两翼产品创新持续递进

（续表）

角度	具体内容
学习与成长（L）	L1 BLM 专家人员不低于 20 人，绩效飞轮实施人员不低于 10 人 L2 GTT、NBSS、微学、共建商业小生态的内部使用上一个大台阶 L3 公司内部培训管理与人才发展继续完善

在表 3-8 中，该公司的财务目标有 2 个，客户目标有 4 个，内部流程目标有 4 个，学习与成长目标有 3 个。但问题是客户目标 C 没有支撑财务目标 F，拆动作没到位。于是，该公司对其年度业务规划进行了调整，表 3-9 是调整后的版本。①

表 3-9　2024 年某公司年度业务规划调整版

角度	具体内容
财务（F）	F1 毛利突破 1 亿元 F2 人效（人均毛利）突破 70 万元
客户（C）	C1 每月至少举办一期增长训战营，每期老总参加人数不得低于 60 人 C2 增加渠道合作单位不低于 100 个（2024 年回款不低于 10 万元才算有效） C3 每月邀约 KA 级以上的老板不低于 8 人来公司与方总面对面沟通业务 C4 平均客单价不低于 10 万元
内部流程（I）	I1 G100/G1000 大客户开发服务体系全面落地并取得显著成效 I2 私域营销体系建成并初见成效 I3 形成各业务主线的运营管理体系（尤其是品质管理） I4 一体两翼产品创新持续递进

---

① 随着年度业务规划的调整，大客户开发服务体系与运营管理体系的优先级也发生了变化。

（续表）

角度	具体内容
学习与成长（L）	L1 BLM 专家人员不低于 20 人，绩效飞轮实施人员不低于 10 人 L2 BPM 的内部开发与使用上一个大台阶 L3 公司内部培训管理与人才发展继续完善

4 个客户小目标是拆出来的。表 3-8 在这个部分没有做到拆动作，只是分出来的财务目标。很多企业"一拆"不到位，就出了问题。请大家千万注意：BSC 这四个角度中的所有第 1 项都是最核心的。尤其是 C1，它是绝招，是最强的支柱，要有一半以上的支撑力。C1 不到位，企业就随风飘摇了。

那么，是不是企业做好"一拆"就行了呢? 真的不是。除了"一拆"之外，企业还需要做好"二拆"。"一拆"是拆关键动作，"二拆"是拆要点、节点和数据。比如，某共创会 EMBA 要完成招生任务，其中有一个绝招——转介绍。转介绍就是典型的"二拆"。

要点：

学员满意度：课程好、服务好、氛围好；

学以致用、圈子、资源；

活动丰富、1+N、体验。

节点：

入学面试：发入学证书（将其发朋友圈），建议其邀约朋友入同一个班级一起学；开班典礼；活动；每次开课；班级企业走访；毕业典礼；校友日……

要完成招生任务，试听是一个很重要的环节。该共创会对试听的要求是：

每一门课程开课，邀约 20 个以上的学员来试听。

对试听进行"二拆"后，要求如下：

要点：

对象为企业老板；

定向了解相关企业规模、核心问题、行业、业务情况、过往学习经历等；

价值塑造；

试听过程中要贴心服务。

节点：

课前确认细节（试听的时间起点和重点）；

试听结束后的面对面沟通，现场转化（推荐的老学员协同）；

试听结束后两周、一月、三月。

…………

"二拆"到位之后，实现目标就变得简单多了。

"分拆对"不仅可以帮助企业实现战略目标、部门目标，还可以帮助员工实现个人目标。不过，对于一线员工来说，内部流程这个部分，是可以不定目标的。而所有管理层的四个方面的目标，一个都不能省。

那么，个人目标是怎样实现"分拆对"的呢？举个例子。比如，A 2023 年 11 月的业绩目标是 60 万元。这是他的 F1 目标。对其拆动作，拆动作为 C1、C2、C3。

C1 邀约 3 个客户董事长来方总办公室会谈；

C2 邀约至少 10 个老板参加增长训战营；

C3 完成 KA 的上门拜访，不少于 30 个。

这 3 个动作是支撑完成 60 万元业绩目标的关键动作。后续跟进可以用相关软件来推动，软件下面有时间进度、完成进度和任务的数量。

然后再来对能力。因为 A 是个业务主管，应该具备的是以下能力：

I1 迭代客户分层分级分类的管理体系；

L1 学习公司微学数字化陪跑相关的课程。

同时，还要对目标。A 的上司 B 2023 年 11 月的业绩目标是 300 万元，公司要求 B 完成的业绩目标 F2 是 8000 万元，B 对 A 的拆目标是 60 万元……这样就形成了一个咬合机制。图 3-17 即展示了 A 个人目标"分拆对"的相关情况。

2.5.3　BSC 落地实践如何定好目标

在 BSC 落地实践的过程中，企业如何才能定好目标呢？答案是需要从 4 个角度、5 个内容入手（如图 3-18）。

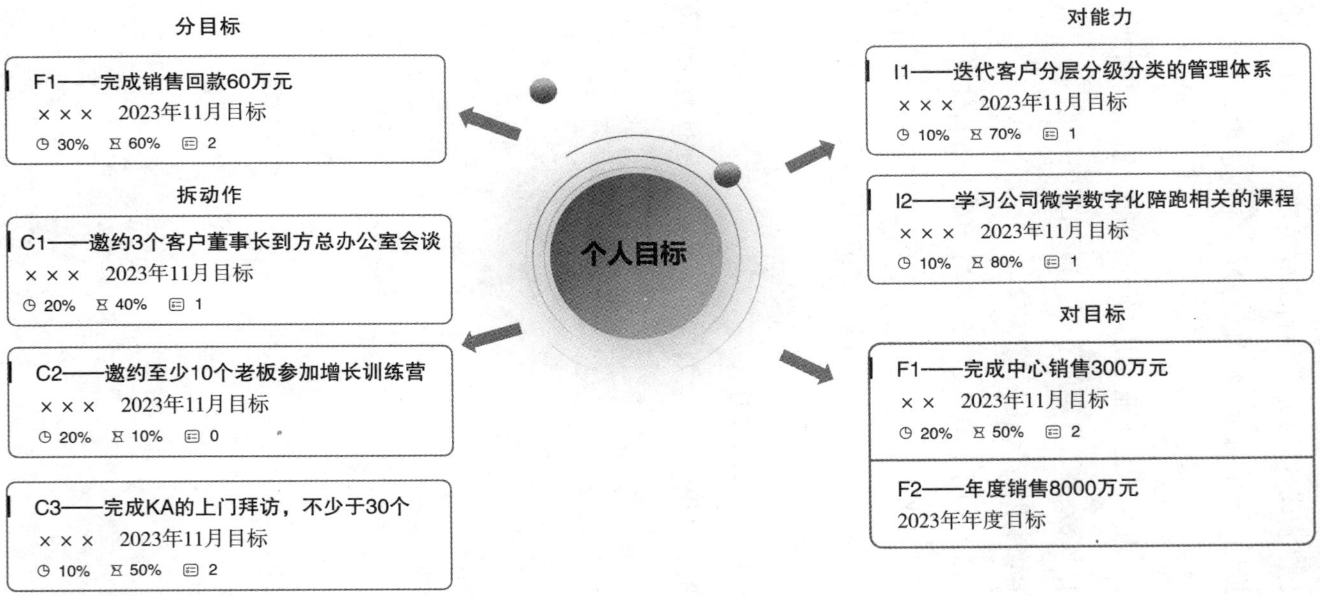

分目标

F1——完成销售回款60万元
× × × 2023年11月目标
30% 60% 2

拆动作

C1——邀约3个客户董事长到方总办公室会谈
× × × 2023年11月目标
20% 40% 1

C2——邀约至少10个老板参加增长训练营
× × × 2023年11月目标
20% 10% 0

C3——完成KA的上门拜访，不少于30个
× × × 2023年11月目标
10% 50% 2

个人目标

对能力

I1——迭代客户分层分级分类的管理体系
× × × 2023年11月目标
10% 70% 1

I2——学习公司微学数字化陪跑相关的课程
× × × 2023年11月目标
10% 80% 1

对目标

F1——完成中心销售300万元
× × × 2023年11月目标
20% 50% 2

F2——年度销售8000万元
× × × 2023年年度目标

图 3-17 个人目标的"分拆对"

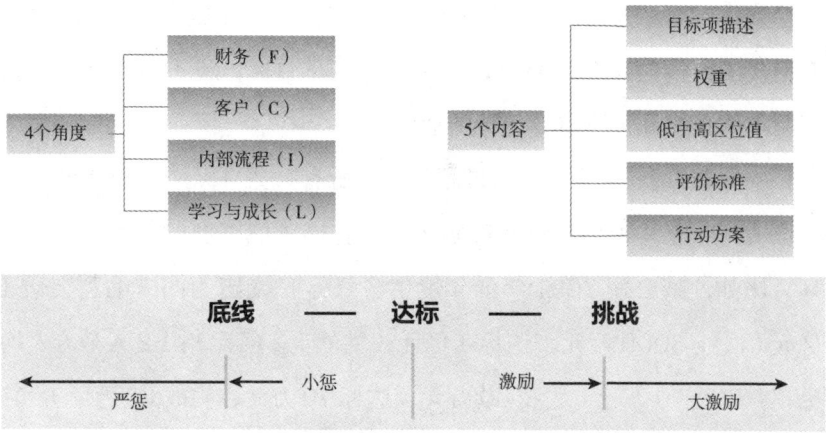

图 3-18 定好目标的 4 个角度、5 个内容

其中,4 个角度就是 BSC 的 4 个维度。目标分解,我们只分解财务目标。客户目标、内部流程和学习与成长目标都做对齐。一线员工内部流程目标可以缺省,管理者四个目标都要有。公司目标、部门目标、员工目标的格式都是一样的,表现出来格式都是表单型的。最好的格式就是偏 BSC 格式,每人一张表,清清楚楚。

5 个内容分别是目标项描述、权重、低中高区位值、评价标准和行动方案。

目标项描述,即要完成什么样的目标。比如,下个月,要完成 100 万元的业绩,这就是目标项描述。有权重,有低中高区位值,那就代表有底线目标、达标目标和挑战目标。比如,我定个目标,下个月销售额做 100 万元,目标失败;下个月销售额底线 80 万元,达标 100 万元,挑战 120 万元,目标完整。

有时候,老板会给员工定下这样的目标——明年完成 1000 万元的业绩。这是一个什么目标呢?员工以为是个挑战目标,实际上老板定的是个底线目标。为什么二者的理解会出现偏差？就是因为老板和上司没有对员工说清楚。与其给出这样含糊不清的目标，还不如直接告诉员工明年的底线目标是800万元的业绩。

企业在践行科学经营的过程当中，所有财务目标必须要有低中高区位值，对应其相关的责任激励机制，这样才能够形成目标管理的闭环。比如，某公司2024年的年度财务目标F设定为：F1毛利突破1亿元（底线8000万元，达标1亿元，挑战1.2亿元）；F2人效（人均毛利）突破70万元（底线60万元，达标70万元，挑战80万元）。其他目标不一定需要用低中高区位值，但财务目标一定是要有的。有了表3-10这张表，执行就会很清晰。哪一条是公司执行的主线，关键动作在哪里，一目了然。无论是整个公司的目标、团队目标，我们一步步按照这张表往下拆，就都知道了。

表3-10 2024年某公司年度业务规划

角度	具体内容
财务（F）	F1 毛利突破1亿元（底线8000万元，达标1亿元，挑战1.2亿元） F2 人效（人均毛利）突破70万元（底线60万元，达标70万元，挑战80万元）
客户（C）	C1 每月至少举办一期增长训战营，每期老总参加人数不得低于60人 C2 增加渠道合作单位不低于100个（2024年回款不低于10万元才算有效） C3 每月邀约KA级以上的老板不低于8人来公司与方总面对面沟通业务 C4 平均客单价不低于10万元

（续表）

角度	具体内容
内部流程（I）	I1 G100/G1000 大客户开发服务体系全面落地并取得显著成效 I2 私域营销体系建成并初见成效 I3 形成各业务主线的运营管理体系（尤其是品质管理） I4 一体两翼产品创新持续递进
学习与成长（L）	L1 BLM 专家人员不低于20人，绩效飞轮实施人员不低于10人 L2 BPM 的内部开发与使用上一个大台阶 L3 公司内部培训管理与人才发展继续完善

做企业没有这样一张表来做指引，很容易发生混乱。表3-10这张表是年度业务规划（BP），BP的前面还有三年规划SP。SP的前面还有定海神针MV，即使命愿景。光华将其称之为"看十年，想三年，做一年"。这与曾明教授的观点不谋而合。今天做企业，必须要有这样的结构，再去落地执行。

在定好目标的过程中，我们需要对四个角度目标中的第一项给予足够的重视。其中，F1是核心经营目标。C1是绝招，是完成F1的关键动作。绝招就是"日行三十里"的目标和动力，绝招就意味着过程性的资源都要向这里倾斜和聚焦，"日行三十里"不动摇。I1是核心流程，是组织能力建设的关键，往往需要通过一项战役来完成。I1必须是一场能力之战。2024年必须要打赢的仗中，有些人的一项战役就是I1。这就需要做好计划，哪个月把它拿出来几个版本迭代，这些是关键。L1则是组织成长的关键。

前文提过，BSC之所以落地实践困难，主要是因为很多人没办法画出战略地图。我把BSC落地实践简化为"1表2线3边4角5内容"后，就会相对简单。大家也没有必要再去绘制战略地图，绘制战略地图的一系列动作可以通过绩效飞轮软件来完成。该软件有小飞轮和双飞轮之分（如图3-19）。目标制定、过程管理、绩效考核、结果应用，形成了一个目标管理的小飞轮。双飞轮则是从使命、愿景到战略规划（SP），到年度业务规划（BP），到个人绩效目标制定（PBC）；或者从PBC到过程管理、绩效考核、结果应用，然后是PBC复盘，再到使命、愿景、SP、BP、PBC。

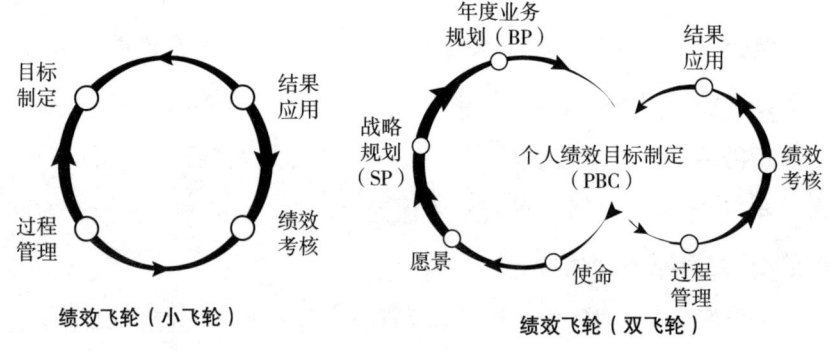

图3-19　绩效飞轮

有了绩效飞轮软件，无论制定什么样的目标，整个目标详情都是结构化的，企业也能更好地实现目标管理。

2.6　企业增长的地基——3+1根据地战略模型

　　　是企业增长的出发点，是竞争对手打不死的业务。企业要先站稳根据地，再搞多元化；没站稳根据地，就搞多元化，战力资源就被消耗了，资源配置必然会面临重大的问题。

有很多人跟我讲："方老师，怎么理解多元化？"我给多元化总结为

8个字——"做强主业，相邻扩张"。尤其是中小微企业，千万不要还没做好主业，就盲目扩张。

根据地战略模型，一般分为四大类（3+1）。

第一大根据地是业务根据地，即要有竞争对手打不死的业务，也叫主业，能支撑企业生存和发展。主业就是把其他业务"干掉"，只留一项业务，这项业务是能养活企业的业务。就像阿里，把其他业务都"干掉"，只把淘宝、天猫留下，也能活下来。没有主业不能上市。没有主业的企业，本身没有什么价值，大概率要"死掉"，更别提上市了。

第二大根据地是区域根据地，即哪个区域是重点开拓的区域，市场占有率领先。

第三大根据地是客户根据地，即哪个层面的客户是重点开发客户，业绩占比显著。

以上三大根据地面向的是企业外部，符合对外求利润的原则。

第四大根据地是团队或部门根据地，即企业的"御林军"，是企业绝对的"王牌军"，这个部门或团队的业绩能直接关乎企业的生存。

该根据地面向的是企业内部，符合对内求效率的原则。

实际上，根据地还是在讲聚焦，根据地就是遥遥领先。哪一块业务让企业遥遥领先，就是企业的业务根据地；哪个区域是重点开拓的区域，在这个区域里市场占有率能做到遥遥领先，就是企业的区域根据地；哪一个层级的客户能做到遥遥领先，就是企业的客户根据地；哪一个团队或部门的业绩遥遥领先，就是企业的团队或部门根据地。没有遥遥领先的主业，企业怎么能做到遥遥领先呢？所以，如果我们能将这四大根据地理解到位，它们将会对企业整个业务的发展产生重大的帮助。

举个例子。我曾经问一家企业的老总:"你们的客户对象是谁?"

老总回答:"所有女性。"

我说:"这范围太宽了。"

于是,他把客户对象细化了一下:"20~60岁的女性。"

"范围还是太宽。"我说。

他说:"20~40岁的女性。"

我说:"范围还是太宽。20~30岁的女性多数未婚,30~40岁的女性多数是少妇宝妈,她们的需求能一致吗?"

接着,他说:"一定要再明确的话,那就定位30~40岁的少妇宝妈。"

我说:"这就差不多了,但范围还是有点宽。一定要注意,现在的客户分层、分级特别严重。以面向高端的客户为例,这其中还包括超高净值的、高净值的、一般净值的、一般财富的……"

对于这家企业而言,做好聚焦工作,找准重点开发客户才是第一位的。即便他们后续要走多元化的道路,也要建筑在"做好主业,相邻扩张"的基础上。

2.7 企业如何确定增长方向

企业如何确定增长方向?**简单地说,就是从核心业务逐步向外扩张。**当活下去不是问题的时候,企业就要对根据地进行梳理,把核心业务做大做强,力求成为行业翘楚或者细分市场的领头羊。然后,根据关联程度寻找相邻市场,并把新业务与主业进行非常精巧的匹配。这时,企业需要更新整个业务系统,并对其进行重新评估,确保整个业务体系形成相互促进、相互延展、相互强化的局面,并使其保持良性的运行。

如果企业今天要去开展一项新业务,但这项新业务和老业务之间无法形成相互促进、相互延展、相互强化的局面,最好不要去做。因为隔行如隔山,如果企业选择跨赛道的新业务,战略资源就会全部一分为二。要是老业务都做得很一般,又要在新业务上投入时间、精力和战略性资源,企业要想成功是很难的。

众所周知,罗永浩是一名连续创业者,做过牛博网、老罗英语培训学校、锤子手机、聊天宝、电子烟等。他最大的问题就是不专注,不聚焦,没有在一个产品线上形成连续性创业。他的业务都是离散型的,所有创业项目都互不关联,这是一个很大的危机。尽管连续创业会带来一定的动能,但业务的非连续性导致无法形成势能,这样一来,创业的成本会越来越高,赢利就变得十分困难。

3. 市场洞察:了解变化在哪里

市场洞察的目的是分析和判断外部市场的动向和趋势,以及由此带来的机会和威胁。如果再结合对自身能力的客观认识,就能够细分市场,并且从中找到企业的目标市场。

市场洞察需要从三个角度入手。

3.1 看趋势

企业面临的趋势主要包括宏观大势和行业大势。

其中,宏观大势可以用经典的PEST分析来进行分析。在PEST分析中,P指politics,政治环境分析;E指economics,经济分析;S指

society，社会分析，这里主要涉及文化和人口的问题；T 指 technology，技术分析，包括对 AI 技术、生物技术等科技创新的分析。

对行业大势的分析，则是要明确企业所处的行业有哪些变化。具体来说，包括行业的价值链发生了什么变化、行业的高价值区是否已经不同、市场的规模和未来的增长预期如何等。

对行业大势的分析主要是做行业成熟度分析。一个行业里，行业前 3 名加在一起的市场份额超过 40%，甚至达到 50% 以上，那对于新进入者来说，如果不是垂直细分再进入的，基本上就很难有机会了。

比如，光华辅导的学员想做茶叶品牌，这是可行的。目前，中国茶叶总产值超过了 3000 亿元，却没有一家企业的市场份额能超过 5%。该行业市场份额高度离散，还没有出现头部企业。选择此时进入该行业，还会有很多机会。

再如，某些行业肉眼可见地发展得不错，一年能有 10% 以上的复合增长率，但是如果该行业已经有头部企业了，再有新人进入这个赛道，就很有可能会亏损。

凡是头部效应出来的行业赛道，新进入者创业失败的风险就会非常大。这点是需要特别注意的。

我们在看趋势时，需要清晰地回答下面一系列问题。

1. 市场正在发生的重大变化有哪些？
2. 产业政策有哪些重大变化？会给企业带来怎样的影响？
3. 产业格局的变化会给企业带来哪些影响、机遇和挑战？
4. 整体市场空间（行业整体趋势、外部环境的影响、产业链特征及变化趋势）有多大？增长率是多少？利润将发生什么样的变化？
5. 新技术的发展趋势及变化是怎样的？

6. 本企业可参与的市场空间有多大？

……

光华辅导的企业魅影眼镜原来做的是钻石切边眼镜，一年营收超过1亿元，但整个钻石切边眼镜的市场规模才2亿多元，该企业已经成为这个细分行业领域的头部企业了。这个赛道太窄了，于是魅影眼镜的创始人马总对企业的增长方向进行了重新定义，开始做无框眼镜。为什么要进入这个赛道呢？无框眼镜的市场规模有50亿元，且没有眼镜企业在此赛道占据头部，马总有信心把自家企业每年的营收做到10亿元。通过分析，马总明白了机会差距在哪儿，用战略创新和业务的重新设计，重新定义了企业的业务模式。

光华辅导的另一家企业中博家居也是在科学地分析趋势之后进行了业务上的重新定义和模式调整。在创始人凌总看来，传统的纯装修企业很难有发展，不变都会"死掉"，中博家居不变也一样。家居综合体（中博家居广场）让中博家居从只做装修到做家装全案，流量交叉，效益综合，把生态效应发挥到了极致。

整个中博家居广场，一楼有停车位，二楼卖沙发床，三楼卖家电，四楼卖窗帘，五楼搞设计。它们不仅把消费者家里面需要的家居用品全部备齐，还提供装修全案设计，帮助消费者设计、搭配，价格比消费者单独买还便宜。

3.2 看市场与客户

我们在进行市场洞察时，看市场主要是看市场的变化与细分、目标市场的选择定位，看客户更多的是指对客户痛点的分析。我们必须明确：企业今天在服务谁，他们对企业为什么满意，为什么不满意；企业未来还有可能服务谁,他们又有什么痛点;不论是现在的客户,还是潜在的客户,他们的偏好有什么变化。这些痛点和偏好的变化就可能代表着新的机会,甚至可以孕育出历史上从未出现过的新行业。这时,我们就需要特别注意:代表时代活力的年轻人,无论是气质,还是消费观,都正在发生改变,要学会去拥抱他们。

战略的起点是客户,这是战略的第一性原理。说一千道一万,"以客户为中心"是一切的根本。科学经营要落地,这是一个擎天柱。我们反复调焦,不断松土,才能够渐入佳境,越做越好,这同样是第一性原理。第一性原理是古希腊哲学家亚里士多德的观点。亚里士多德认为,每个系统探索中都存在第一性原理,第一性原理是基本的命题和假设,不能被省略和删除,也不能被违反。

今天,我们要把企业越做越好,第一性原理就是始终坚持以客户为中心不动摇。太多企业容易做着做着就以老板为中心了。以老板为中心,无论是成功的老板,还是失败的老板,都容易把企业带离企业发展的主航道,掉入人性带来的欲望陷阱。以客户为中心,属于典型的利他思维,会在一定程度上挑战人性。我们经营企业,是要学会挑战人性的。

3.3 看竞争与合作

在竞争与合作方面,我们需要关注:市场上有哪几类竞争对手,谁是最主要的竞争对手;他们正在做什么,在商业模式上做什么,在技术上做什么;跟他们相比,我们强在哪儿,弱在哪儿。探索这些问题的答案将帮助我们获得市场洞察,实现生态合作、渠道共赢、共创共建。

一家企业如果没有标杆,没有拆解过竞争标杆,就不知道别人优秀的地方在哪里，也就失去了很多学习和成长的机会。反之，则会获得很多学习和成长的机会。向标杆企业学习的不是方法，而是方法论，即学习对方的方法是怎样产生的。比如，小米在很多类目上都做到了行业的第一名，它对标的是 Costco（好市多）、同仁堂跟海底捞：学习好市多通过流程优化、模式创新做到质优价廉；学习同仁堂选真材实料，建百年老店，本质上讲工匠精神；学习海底捞做好口碑。"专注、极致、口碑、快"的七字诀正是小米学习和成长的结果。

我们该怎样向标杆企业学习呢？拆解标杆，看竞争与合作，有一个很重要的工具——SWOT 分析。SWOT 分析是企业在战略选择时，对内部条件的优势与劣势以及外部环境的机会与威胁进行综合分析，据以对备选战略方案做出系统评价，最终选出一种适宜战略的分析方法。其中，S 代表 strengths（优势），W 代表 weaknesses（劣势），O 代表 opportunities（机会），T 代表 threats（威胁）。其中，S、W 是内部因素，O、T 是外部因素。

SWOT 分析在具体应用中可以采用九宫格（见表 3-11），每一个象限里都会有一些战略点。这张表格做完了以后，我们就会找到机会点、增长点和破局点。

其中，机会点是指市场有哪些机会。它是从 SWOT 的 OS、OW、TS 这些内容里来的。我们需要把符合机会点的信息全部罗列出来。

增长点是指哪些地方能带来业绩增长。增长点是从机会点分析出来的。比如，13 个机会点里可能有 7 个在明年形成增长点。

表 3-11　SWOT 九宫格

内部能力＼外部环境	优势（S） S1：研究能力强，反应快 S2：完善的销售和服务网络 S3：语音、数据、图像方面的关键技术 S4：稳健的资本结构	劣势（W） W1：品牌影响力不足 W2：质量控制能力不强，产品稳定性不高 W3：成本控制能力不强 W4：产品管理比较薄弱
机会（O） O1：企业级视频会议市场兴起 O2：新技术发展快 O3：运营商需要新业务增加收入	OS 战略（增长型） 1. 扩展企业级产品的宽度和深度（S1—S4、O1、O2） 2. 开发适合运营商的解决方案（S1—S4、O3） 3. 研发图像方面的核心技术（S1、S3、S4、O2）	OW 战略（扭转型） 1. 启动品牌战略（W1、O1、O3） 2. 启动质量控制、成本控制专题改进计划（W2、W3、O1） 3. 建立产品管理体系（W4、O1、O3）
威胁（T） T1：竞争更激烈，价格下滑 T2：出现了软视频等替代技术 T3：专利技术保护	TS 战略（多种经营型） 1. 加强技术服务优势和快速反应机制（S1、S3、T1） 2. 跟踪替代技术（S1、T2） 3. 加强自主研发，制定专利策略和计划（S1、S3、T3）	TW 战略（防御型） 1. 提升稳定性，通过设计和采购降低成本（W2—W3、T1） 2. 避开不擅长的领域（W1—W4、T1、T2）

　　破局点是指把精力和资源聚焦在什么方面。破局点是从增长点里来的。增长点里有 7 条，我们觉得哪一条最重要，就把精力和资源都聚焦在这一条上。破局点只需要 1 条就可以，不用太多。聚焦一个点去爆破它。

　　找到破局点，有助于我们做出对的决定。当然，做对的决定，更离不开大思维。毕竟，见整体，才能洞察其内在；见局部，永远只会深陷泥潭。

4. 创新焦点：找到实现路径

创新焦点是指如果缺少了有效的机制来积极探索、验证和紧跟市场脉动，就没有可能实现自己的战略意图或者拥有持续的优势。因此，BLM 要求持续的业务创新。而要实现持续创新，就需要在创新焦点的三个维度下功夫。

4.1 未来业务组合：创新焦点的三个成长的地平线

未来业务组合又被称为创新焦点的三个成长的地平线，相关理论源于麦肯锡三层面理论（相关情形见图 3-20）。

其中，H1 是企业的核心业务、成熟业务，是企业收入与利润的主要来源。

H2 是企业的成长业务，是企业市场增长和扩张机会的来源，决定了企业的下一个阶段的主营业务应该是什么。可能两三年之后，现在的 H2 就会变成未来的 H1 了。所以，H2 代表着企业下一个阶段的破局点。

H3 是企业的新兴机会，也是创新业务，是未来长期增长的机会点，还没到破局点。

通常情况下，企业的机会点、增长点、破局点的提炼是一个逐渐聚焦的过程。有些企业的破局点可能在 H1，有些企业的破局点可能在 H2，但企业如果想在 H3 找到破局点，一般是不现实的。亚马逊的创始人杰夫·贝索斯指出：市场新业务从"播种"到"结果"，通常需要 5~7 年时间。没有经过周期检验的 H3 很难成为破局点。

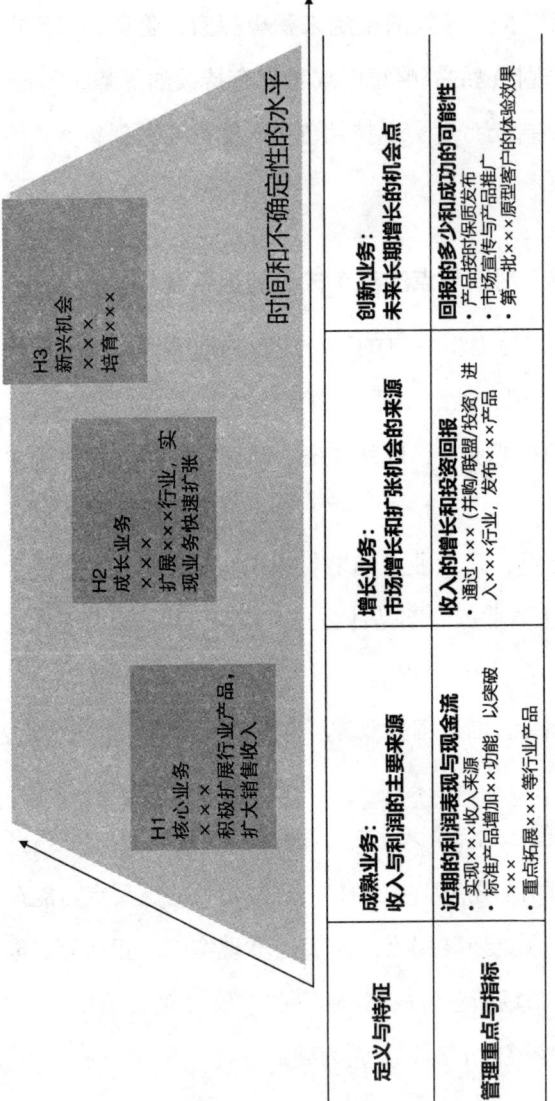

图 3-20 创新焦点的三个成长的地平线

为什么有些企业三五年以后就经营不下去了？很大程度上，是因为这些企业从来没有 H1、H2、H3 的概念。有的企业只做了 H1。几年之后，H1 跟不上市场节奏了，该企业没有新的 H1，自然就被淘汰了。真正能够长期发展的企业，尤其是可复制增长的企业，一定要有连贯性。光华就是这种连贯性的受益者。光华有现有业务组合和未来业务组合，其中未来业务组合指的是一两年以后要重点发展的业务。光华秉承着"看十年，想三年，做一年"的原则，以两年作为一个周期，将两年以后的 H1、H2 和 H3 进行提前布局。这样一来，连续性的发展循环就形成了。

4.2 模式创新：找出新的增长入口

任何一家企业习以为常的赢利模式，很大程度上都是由过去来决定的。因为在过去的某个时间点，当时的想法、当时的市场条件、当时的资源条件决定了我们选择哪种模式。随着时间的流逝，过了10年、20年之后，企业原来赢利模式的前提条件要么发生了改变，要么根本就不存在了，此时如果还延续原来的模式，企业就很难保证可以继续赢利。这就是模式创新的原因。

模式创新的关键在运营。运营是最近 5～10 年的流行词，它的热度甚至超过了业务，这代表着运营在企业发挥着越来越重要的作用。以前，企业的职能主要分为生成（研发）、销售和服务。后来，把服务进行了细分，分为基础服务和深度服务，深度服务被称为运营。现在，情况又发生了变化，整个企业的职能可以分为生产和运营两大类，把运营提到了更高的高度。其中，生产是以产品研发、以企业自身为中心的，运营则是坚定地以客户为中心的。二者的关系不是生产驱动运营，而是运营驱动生产。运营的核心都是从人性开始的。

运营思维是驱动企业业务发展的战略,而运营是以流量作为主线和基准点的。运营以客户为中心,以流量为主线,这是运营的基本概念。现在最流行的运营方式就是运用全域经营流量矩阵图(如图3-21)。

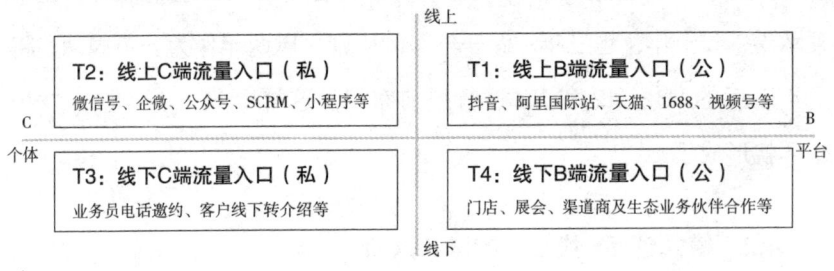

图3-21 全域经营流量矩阵图

在图3-21中,右边是B端(平台),左边是C端(个体),上面是线上,下面是线下,呈现了全域经营流量矩阵图的基本架构。T1是线上B端流量入口,也就是线上平台流量入口,属于公域流量;T2是线上C端流量入口,也就是线上个体流量入口,属于私域流量;T3是线下C端流量入口,也就是线下个体流量入口,属于私域流量;T4是线下B端流量入口,也就是线下平台流量入口,属于公域流量。

无论是公域流量,还是私域流量,都存在多条流量路径。T1的流量路径包括抖音、阿里国际站、天猫、1688、视频号等。而视频号只是微信生态的组成部分之一,除它之外的微信其他生态组成部分都属于T2的流量路径。

T2是线上C端流量入口。在国内的经济环境中,我们要做私域,指的是基于微信生态的业务拓展。会员、裂变、招商、基于微信生态的线上转介绍、复购,都指的是T2。

T3就是传统的地推,包括业务员电话邀约、客户线下转介绍等。

T4包括门店、展会、渠道商及生态业务伙伴合作等。

今天我们经营企业,思考的是全域流量,不要局限于哪一个流量入口,尤其不要局限于哪一条流量路径。我们能思考的局面有多大,企业的业务局面就有多大。当然,这其中也有现实困难。难就难在,不同的流量入口,绝对不可能是同一批人就可以做好的。甚至不同的流量路径,都不是同一批人可以做的。比如,会做抖音的人可能不会做阿里国际站;让做淘宝的人去做拼多多,大概率也会失败。众所周知,不同的平台,算法、规则、调性也不相同。所以,从理论上来讲,每一条流量路径都要有专门的团队运营。由此带来的改变是,从网店时代进入了店群时代。

需要注意的是,要经营好Web 3.0时代的店群,一定要注意两个关键词:一个是全域,即业务思维一定要是全域思维;另一个是裂变,即采取的模式要是合伙人模式。

我熟悉的几位做电商的朋友在这方面就做得很出色。他们通过不断地切割、裂变在企业内部建立了几十个业务单元。这些业务单元的模式全部采用自驱业务合伙制,使企业实现了可复制的业绩增长。其中的一位陈总更是发展了300多位合伙人,实现了全域业务之间的联动。

此外,我们可以采取跟行业内的强者错开的策略。比如,A和B是同行业内的两家企业,二者是竞争对手,且A的实力要强于B。如果A的抖音做得很好,B就可以选择去淘宝发展。如果A的淘宝流量很厉害,B不妨转战抖音。如果A的抖音做得很好,B在淘宝没什么优势，就可以看看 A 在视频号做得如何。要是 A 的视频号做得一般，B 还可以选择视频号……并非硬碰硬才是真的英雄。我们还可以选择错开，根据全域经营流量矩阵图，优先发展其他流量路径。

全域经营为科学经营提供了新的发展方向。企业要实现科学经营，就需要反思自己的流量来自哪里，现有的流量路径有哪些，期望的流量路径如何实现（反思的结果可以填进表 3-12）。

表 3-12　企业 / 业务流量路径

	现有的流量路径	期望的流量路径
T1		
T2		
T3		
T4		

比如，某公司现有的流量路径集中在 T1 方面，和钉钉合作，在抖音和视频号发短视频，做直播，在百度做 SEO 关键词优化等；在 T2 方面，公司的同事们都有工作账号，用公众号去发送公司的相关信息等；在 T3 方面，公司的业务人员打电话，搞地推，进行面对面销售；在 T4 方面，发展了一堆合作伙伴、经销商等……某公司其实也是做全域流量经营的。

现在，很多模式创新都是基于流量侧的。要做好模式创新，首先要想清楚客户需求，其次要想好流量如何设计、流量从哪里来。比如，流量从 T4 来，企业的整个模式就要发生非常大的变化。而且，流量不一样，企业的经营思路也不一样。前文提及的圣伊卡罗创始人陈总，就是一个根据流量调整企业经营思路的典型。

1993年，陈总开始创业，主营洗头液、沐浴液的批发和外贸。十几年间，她每年平均业绩达到了4000万元。从2010年开始，情况发生了变化，每年平均业绩4000万元已经成了一种奢望。这意味着她原来依赖的流量路径发生了很大的问题。如果按照原来的经营模式继续经营，她不但没办法保证实现每年平均业绩4000万元的目标，还没办法控制业绩一直往下掉。

她成了光华的学员后，在学习期间跟我做了大量的探讨。我问她："你做批发，到你这里批货的小经销商是怎么卖货的呢？"她说："他们的方式很简单，就是把沐浴液、洗发水放到商场超市（以下简称"商超"）里去寄卖。"我问："你不能寄卖啊？"她说："我怎么能抢他们的生意呢？我的生意模式就是在小商品城搞批发呀。"我说："这怎么叫抢生意呢？到你这里批发的经销商将商品投放了多少家商超，你知道吗？"她说："这个我不知道。"我接着又说："你了解一下，整个浙江省能投放你代理的洗发水、沐浴液的商超有多少家。"

因为陈总原来的商业模式特别简单，依赖整个小商品城的流量，她从来没有想要走出去。跟我谈过之后，她去进行了一下调研，结果发现投放她代理商品的商超只有50多家，整个浙江省符合投放条件的有1500多家，未开发的市场太大了！

于是，学习结束之后，陈总开始布局商超，并在进入商超的第二年，就一举实现了近2亿元的业绩，后面更是实现了每年2.5亿元的超越。几年之后，陈总又遇到了业绩下降的问题，因为电商来了。

我问她："你怎么不做电商呢？"她说："我是经销商，厂家不允许我们做电商的。我在商场里面搞个促销活动厂家都不允许，做什么事情都得按照厂家要求。"我说："这样好被动啊！"后来，我们几乎异口同声说出了一个思路,那就是做自有品牌。做了自有品牌之后,陈总的业绩又出现了大幅提升。陈总告诉我,她有信心实现每年业绩5亿元的目标。

4.3 资源利用:提高商业效率

7-11是全球传统零售行业的标杆企业,在全球范围内共有超过8万家门店。它在亚太地区大获成功,尤其以日本为最。在日本,小孩子放学以后,如果家里没人,大概率会去社区的7-11,在那里做作业,吃一些关东煮或小零食,消费能力很强。父母下班后,就到7-11把孩子领回家。吃完晚饭后,成年人下楼跑步,也有很多人来7-11喝杯咖啡。很多时候,邻里之间的交流也都在7-11。除此之外,快递收发、充话费、交水费、交网费、买车票、买机票、提现金也都在这里进行。可以说,7-11将周围的资源利用到了极致。

不仅是7-11,每一家企业都拥有各种各样的资源。无论是内部资源,还是外部资源,谁能把资源利用到极致,谁就能更好地提高商业效率。而高手就是那些擅长把资源发挥到极致的人。如果空有优质资源,搁置不用,那将是非常可惜的事。所以,资源配置、资源利用是企业在创新焦点阶段特别重要和关键的方向。

5. 业务设计:注意取舍

业务设计是战略规划里最重要的模块,是整个战略环节的落脚点。不管企业的战略意图是什么,我们对企业的目标资产进行了怎样的分析和判断,以及用什么方式来创新,最终都要落脚到我们对业务设计的重新思考。也就是说，要明确赚的是什么钱，如何去赢利，核心竞争力何在。业务设计包含客户选择、价值主张、价值获取、业务范围、战略控制这五个方面。

以客户为中心贯穿了科学经营的始终，它不仅是科学经营的重要前提，还是统一业务视角的重中之重。所以，企业在进行客户选择时，是选择高端客户，还是选择大众客户，这是决定企业发展的一个关键。客户选择就是很清晰的市场细分，市场越细分，代表成功的概率越高。就像光华，有培训、咨询、软件等业务，要是把所有企业都当作自己的客户，那光华肯定做不好。光华必须聚焦在某一块业务上，才有可能突飞猛进。当然，这样做不代表光华不服务其他业务的客户。光华原来的战略设计、业务设计服务中小微企业更多一些，现在光华将主要精力放在服务准头部企业到头部企业、头部企业到上市公司的境界上。

对于企业来说，选择客户的标准，就是给客户画像。想清楚谁是自己的目标客户，哪一块是快速增长的市场。搞清楚这些，便于第一阶段能够在这里投入更多的资源、弹药，利出一孔，饱和攻击。客户选择就是明确我定位的目标客户是谁，我的产品为谁而打造，是为了让谁感到满意。

价值主张是整个战略规划模块里最为重要的，是指满足客户的某种需求，并且要通过实际的产品和服务，让客户确实能够感知到并且留下印象。简单来讲，价值主张就是要给客户一个购买的理由。而且，这个购买理由要基于客户需求，要有独特性，能持久对客户产生心智影响。

按照定位理论，我们做的客户定位、市场定位、业务定位，实际上都属于细分定位，而真正的定位是战略定位，价值主张则是战略定位的核心。

价值主张主要分为四类,分别是总成本最低、产品领先、客户解决方案和系统锁定。其中,总成本最低主张提供一致、及时和低成本的产品和服务,主要通过成本最低的供应商、一贯的高质量、快速的采购、适当的选择来实现;产品领先主张突出现有业绩边界,提供令人高度满意的产品和服务,主要通过速度、尺寸、精确性、重量等方面表现优异的产品,首先进入市场,新细分市场渗透来实现;客户解决方案主张为客户提供最优的全面解决方案,主要通过已提供方案的质量、满足客户的产品和服务数量、客户保持率、客户生命周期盈利性来实现;系统锁定主张为既有客户设置高转换成本,为辅助厂商增加价值,前者通过提供多种选择和方式进入、广泛使用的标准及平台稳定性方面的创新来实现,后者通过提供大量的客户基础、易用的平台基础来实现。

鉴于系统锁定对于企业要求比较高,在企业的日常经营中,前三类价值主张往往发挥着更为重要的作用。我们要为企业做好战略定位,关键在于选择什么类型的价值主张。原则上来讲,这三类价值主张在每家企业中都是存在的,关键在于谁是第一需求,企业现在的重心在哪里。

比如,比亚迪是把总成本最低放在价值主张的第一位的。事实也证明,比亚迪的这一选择是正确的,它的造车成本有效地降低了。小鹏一度也将总成本最低放在第一位,结果因为成本控制方面滞后,遭遇了比亚迪等老牌车企和小米汽车等新兴车企的挑战。而特斯拉的价值主张排序依次是产品领先、客户解决方案、总成本最低,它把产品领先放在价值主张的第一位。

再如，蔚来的价值主张是为商务人士做客户解决方案，理想的价值主张是为家庭用户做客户解决方案。二者有针对性地做客户解决方案，为自身进行了出色的战略定位，这也帮助它们绕开了像特斯拉、比亚迪这样强大的竞争对手。

经营企业，价值主张一定要清晰。像华为的问界M9汽车以及华为手机，价值主张就是产品领先；小米的汽车和手机，价值主张就是总成本最低；8848手机，价值主张就是为高端商务人士提供客户解决方案。光华的产品，价值主张也是十分清晰的。业绩增长营的价值主张就是总成本最低，科研院、EMBA、学习卡、软件等业务的价值主张是产品领先，咨询、陪跑等业务的价值主张是客户解决方案。

此前，光华的EMBA总裁班刚"上线"的时候，大家总以为它的价值主张应该是总成本最低，理由就是它的收费比日常的EMBA总裁班要低两万多元。实际上，它的价值主张是产品领先。好在光华的同事们没有搞错。搞错了价值主张，不仅对产品发展不利，还会对企业发展造成严重影响。

价值主张是企业的旗帜。《水浒传》中108条好汉在梁山聚义，竖起了"替天行道"的大旗，这就是他们的价值主张。如果我们只是在单纯地卖产品、做业务，什么价值主张都没有，那客户凭什么买？我们又凭什么去打动客户？没有价值主张，我们怎么去做品牌？所有的灾难由此发生。前面做了很多动作都是白做，因为无法聚焦到势能上，无法真正形成推动客户对我们品牌心智的持续影响。价值主张就是我们和客户之间的黏合剂，如果没有价值主张，我们就永远不会和客户双向奔赴。所以，我们一定要搞明白H1、H2、H3这些业务的价值主张是什么样的。

总成本最低并不一定意味着低价竞争。在所有的战略选择里，低价竞争不是战略优势，低成本才是战略优势。大家都降价，反而大家都挣不到钱。在这样的情况下，就你能挣到钱，说明你有总成本最低的领先优势，那就是你的战略优势。拥有这样的低成本的战略优势，你就拥有一项无敌的权利——价格进攻权，也叫价格自由权。它代表的是要来整理、提升内部价值链的管理流程。通过管理流程的内部运营、管理的优化、无穷的精致，才能让它做到总成本最低。总而言之，总成本最低，不是简单的降价、搞低价竞争，而是通过运营管理的改善、内部价值链的管理优化，来达到成本领先。这是一种战略选择。

客户解决方案，代表着我们懂客户的需求，可以为客户提供一揽子解决方案。我们不仅可以提供产品，还可以提供专业服务，甚至可以提供一种模式来帮助客户成功。关键是我们要做到比客户更懂客户。只要做到这一点，我们就不仅可以通过产品差价来赚钱，还可以通过为客户提供专业性服务来赚钱。尤其是专业性服务，在企业提供的客户解决方案中扮演了非常重要的角色。

产品领先，代表企业注重研发，代表企业在产品研发上的投入、在创新上的成果，是在行业里面领先的。它必须不断创新，不断迭代。如果企业没有投入研发或投入很少，几乎没有什么创新而言，一种产品卖5年，是不可能实现产品领先的。产品领先，一般是围绕着科技创新展开的。这种价值主张实施到一定阶段，就会有一些客户转化为高端客户，转化为客户解决方案，形成一个非常好的客户递进。

就拿线下连锁商超来说。德国最大的平价连锁超市奥乐齐素有"穷人超市"之称，店铺遍及全球20个国家，并且"开一家，挣钱一家"。究其原因，就是奥乐齐拥有卓越的内部管理体系，这使得它一直保持着最高的质量和最低的价格,以至拥有总成本领先优势。毫无疑问,总成本最低是奥乐齐的价值主张。沃尔玛的价值主张也是总成本最低。不过,前者做得更出色一些。二者的区别,我们可以从以下几个方面分析。

第一,门店面积。

奥乐齐的门店面积平均 600 平方米,沃尔玛的门店面积动辄上万平方米。众所周知,门店面积越大,管理成本越高,不可控性越强。

第二,商品品种。

奥乐齐的品类在 1100～1400 种,沃尔玛的品类动辄上万种。

第三,员工人数。

一般 500～800 平方米的奥乐齐门店,只有 4～5 名员工(面积上千平方米的门店员工最多也就是 10 人左右),且每名员工都能身兼数职(进货、盘货、收银、清洁等)。沃尔玛门店,平均为 15 名员工。

第四,人均效率。

奥乐齐人效达 48.05 万美元,坪效超过 1.3 万美元;沃尔玛人效为 22.08 万美元,坪效为约 0.6 万美元。

奥乐齐对成本的控制也是非常严格的。某次,高管们开会时研究的一项议题竟然是开会时要不要开灯,反对开灯者的理由就是要省钱。除此之外,奥乐齐公司结构都很简单,拥有这么多门店,竟然不设母公司,管理层都是一些自由职业经理人,他们曾经都是店长,因为工作能力出色而成为企业的高管。不设母公司的原因是,奥乐齐认为过多管理成本是对消费者的不公平。

奥乐齐就是要做简单的商场。他们从以下几个方面做到细节到位。

选址:奥乐齐不在繁华地段开店,而是选择在居民区、学校附近、城郊。那些地方租金比较便宜,客源也足够。

陈列：奥乐齐并不注重美观性，而是以效率最大化为首要原则，仅仅是将"重的物品放在货架下层，轻的物品放在货架上层"，干干净净的就可以。

商品品类：选择那些价格弹性较高的特定品类，不追求大而全，只聚焦于食品杂货，同时辅以生鲜品类，因为价格弹性决定了商品在价格小幅下降的时候就能带来更大的销量增长。所以，奥乐齐商品的价格较一般超市能便宜20%~30%。

采购额：尽管奥乐齐的商品数量少，但是单品采购量却很大，其平均单品采购额可达约6000万欧元。

精选：从浩如烟海的品类中，精选出最符合"低价高质"理念的1到2个单品，再将其推荐给消费者。

奥乐齐的创始人阿尔布莱希特兄弟是这样总结他们的成功秘诀的："我们只放一只羊。无数事实证明，那些想放一群羊的人，到了最后往往连一只羊也剩不下，原因就是他们被无尽的贪婪挤垮了。"他们非常清晰，企业的价值主张就是总成本最低。他们无止境地改革自己的内部运营流程，让其变为同行业里的最优秀流程，因此总成本最低的价值主张自然而然地就形成了。

当然，并非所有连锁商超的价值主张都是总成本最低。比如，开市客的价值主张是客户解决方案，它是卖会员的。全食超市的价值主张也是客户解决方案，做的是有机食品、绿色食品的解决方案。当时盒马定位的时候，其实它的第一选择是客户解决方案，但失败后调整了价值主张，变成了产品领先，但还是不太成功。最近它越来越突出的价值主张是总成本最低，反而功效开始提高了。

前文提及的业务价值创新曲线是我的原创。其中，F1是流量型产品，也称之为超级单品；F2是功能型、场景型产品；S是方案型、行业型产品。三类产品分别对应三类不同的价值主张：F1对应的是总成本最低，F2对应的是产品领先，S对应的是客户解决方案。

今天，单品时代已经结束，价值创新时代已经到来。我们一定要理解，"以客户为中心"的本质就是用户运营，而不断开发新产品的本质还是以企业为中心，并且开发出来的新产品往往属于离散型产品。

光华陪跑的企业护童此前就犯过这样的错误。我去护童开战略研讨会时，看到了桌子、椅子、婴儿床，以及一堆成年人升降桌。这些产品就属于离散型产品，根本不属于一条曲线，而是造出了儿童、婴儿、成人三条平行线。这根本不是聚焦，而且这一堆产品中根本没有F1这样的流量型产品。最后，大家经过深入研讨确认，护童的爆款产品就是椅子。就目前来看，椅子比桌子卖得多。很多人家里搞装修，桌子做好了，椅子还得买。所以椅子才是护童的核心单品，也是入门级单品。护童团队原先没有这个概念。

光有流量型产品还不够。如果有人想要在家中为孩子布置一个学习角呢？学习就是一个常见的应用场景。要布置一个学习角，至少需要桌子、椅子、书柜、护眼灯等学习设施。这些学习设施就属于F2这样的功能型、场景型产品。

如果有企业能够为学习角提供一整套学习设施，并设置66000元、88000元、99000元三个套餐供客户选择，就为客户有效地解决了布置学习角的问题。该企业提供的套餐服务就是S这样的方案型产品。

如果我们有100个客户，其中有七八个客户需要S，二三十个客户需要F2，剩下的需要F1，那企业的业务价值创新曲线就做得非常出色了。光华做业务增长陪跑依据的就是这条曲线。有些时候，企业没有实现业务增长，就是因为业务设计没有做到位。下面我们再来看一下光华的业务价值创新曲线（如图 3-22）。

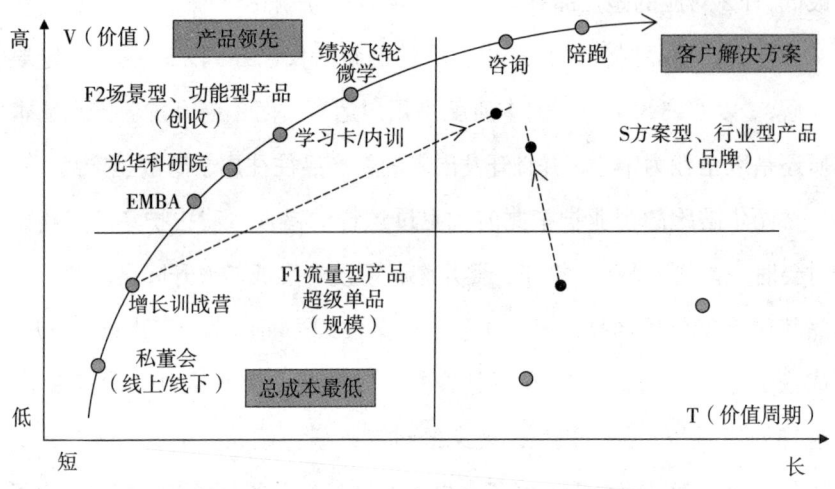

图 3-22　光华的业务价值创新曲线

在光华的业务价值创新曲线中，F1 有私董会、增长训战营，这是做超级单品，或者说流量型产品，对应的价值主张是总成本最低；F2 有 EMBA、光华科研院、学习卡、绩效飞轮、微学等，这是做功能型、场景型产品，对应的价值主张是产品领先，目的是引领客户参加增长训战营；S 有咨询型、陪跑型业务，这是方案型、行业型产品，对应的价值主张是客户解决方案，目的是满足有相关需求的客户。这样一来，光华的业务价值创新曲线就变得长长的，做起来很美妙。

基于价值主张，我们会对具体业务进行量分，最后甄别出这家企业下一个阶段的重心在哪里。这个战略控制点的强度指数可以分为 10 级，我们可以看看现在自己企业的战略控制点在哪里。

做企业一定是有章法的，千万避免做利润低、服务期长、耐用型产品（即业务价值创新曲线中的D）。这样，企业容易费力不讨好，不仅不能满足客户需求，还会让自己陷入增长困境。

业务价值创新曲线是基于用户链、基于客户需求的，我们可以用它来审视自己的企业，确认企业的F1是什么。通常情况下，选择F1的客户数量会很可观。其中的一些客户会因为产品的某些功能或应用场景，转而选择企业的F2（这是一种转化）。此后，一部分F2的客户会因为产品体验对企业产生强烈的信任感，进而希望企业能够为他们提供某些问题的解决方案。这样一来，这部分F2的客户就会转化为S的客户。这些转化之所以出现，就是因为企业经营是以客户为中心的。

所谓更具价值的经营模式，必须是以客户为中心设计出来的。统一业务视角就是以客户为中心。以客户为中心始终贯穿在科学经营的每一个模块，这个核心点是不动摇的。业务设计中的所有内涵，特别是客户选择的价值主张，都是以客户为中心的，客户的需求偏好就是制定这样一个业务设计的依据。所以，以客户为中心，要了解客户，倾听客户的声音。

以客户为中心，意味着企业需要克服从自身出发的惯性，要从客户的需求出发来思考自己应该提供什么样的产品和服务，应该建立什么样的核心竞争力——企业越大，越要刻意克服这种惯性。

以客户为中心，意味着需要重新安排企业从上到下的时间，把大部分的时间、精力都花在聆听客户的需求，共同探讨如何去满足这些需求上。

以客户为中心，意味着在明确自己如何为客户创造价值之前，先去理解客户是如何创造自己的价值的，并且持续关注客户创造价值的过程以及其中的变化，最终将之转变为对客户需求和偏好的认知。

践行以客户为中心一定要认真倾听客户的声音，一定要深刻了解客户的需求和偏好，这样才能找准企业的定位和出发点，以及价值主张和用户设计。

那么，业务设计该怎么践行呢？不妨参照表3-13。需要注意的是，风险管理是大企业业务设计的必选项，于中小企业而言则是可选项。

表 3-13　期望的业务设计和原有的业务设计比较

项目	原有的业务设计	期望的业务设计
客户选择		
价值主张		
价值获取		
业务范围		
战略控制		
风险管理		

6. 关键任务：打赢关键之仗

6.1 战略落地要识别关键任务

企业的执行体系要发挥作用，需要做好两个关键。其中，第一个关键是通过关键任务的识别，找到战略落地的焦点。关键任务是执行体系的第一个环节。要识别关键任务，就要了解关键任务的定义和特征。

关键任务的定义包含以下五个方面：第一，支持业务设计，尤其是价值主张实现的战略行动。第二，可将重要的运营流程的设计与落实包含在内。第三，连接战略和执行的核心点。第四，执行的其他部分的基础。第五，年度性的，可按进度来跟踪衡量。

关键任务的特征表现为以下几个方面：第一，所有的关键任务都必须是组织需要大幅改善的领域。第二，这些行动要具有创意，最终能够反映为组织绩效的改善，包括市场占有率、收入、利润的改变，这些都能带来实际的财务绩效。第三，这些领域要么涉及产品的生产交付，要么涉及客户的营销，要么就是产品创新。第四，必须是可衡量的。

第二个关键是让正式组织、人才和氛围与文化这三个组织能力能够和焦点保持一致，也就是和关键任务保持一致。整个规划的解码和执行要有一致性，这种横向的一致性是不能破坏的。

6.2 落实关键任务要确保执行一致性

按照科学经营的观点，企业要实现战略落地，需要根据 BLM 全景图形成从左到右的一贯一致性。左边的战略一致性确保业务一致性，右边的管理一致性确保执行一致性，然后左右确保一致性，形成三个一致性。

其中，战略一致性是外部一致性，所有的利润都来自企业外部；管理一致性是内部一致性，企业内部只有成本中心，没有利润中心。内部的核心是降本提效，外部的核心是业务增长做利润。效益来自外部，效率来自内部。这是 BLM 的精髓。任何想通过在企业内部折腾实现利润增长的想法、做法，都是痴人说梦，于企业战略落地没有任何好处。

具体到关键任务，它必然会存在四大价值创造流程，分别为：运营管理流程、客户管理流程、创新流程和法规与社会流程。这四个流程其实源于一个公式：利润 = 客户数量 × (单客收入 - 单客成本)。

我们要提高利润，需要在客户数量、单客收入跟单客成本上下功夫。具体来说，就是在提升客户数量和单客收入的同时，降低单客成本。只有运营管理流程实现极致提升，才能降低单客成本；只有不断创新，才能提高客单收入；要不断提升客户数量，就需要不断地为客户提供解决方案，这对客户管理流程提出了更高的要求。

做好了这三个方面的工作，提高利润的目标就能实现了。要形成持续的利润，还要乘以时间。要保证处在可持续的状态，我们就要极度重视法律法规。一些本来很有发展前途的企业就是因为没有重视法律法规才折戟沉沙的。因此，一家企业能够实现可持续发展，持续获得利润，从某种意义上来讲，就是源于对核心价值流程的重视。

其实，核心价值流程对应的就是价值主张。比如，运营管理流程对应的价值主张是总成本最低，这意味着运营管理流程要持续优化；创新流程对应的价值主张是产品领先；客户管理流程对应的价值主张是客户解决方案。总成本最低，代表着运营管理能力要成为核心能力；产品领先，代表着研发的创新能力要成为核心能力；客户解决方案，代表着客户管理能力要成为核心能力。以此对应，企业的很多方面都会发生改变。

核心价值流程的侧重也体现在 BSC，落实到战略规划里。

如果企业的价值主张是总成本最低，我们就需要画出总成本最低的战略地图（如图 3-23）。它的核心价值流程就是运营管理流程，也代表运营管理流程是总成本最低战略的重中之重，从下往上都会呈现它们的一致性。

如果企业的价值主张是产品领先，我们就需要画出产品领先的战略地图（如图 3-24）。它的核心价值流程就是创新流程，也代表创新流程是产品领先战略的重中之重,从下往上都会呈现它们的一致性。

如果企业的价值主张是客户解决方案,我们就需要画出客户解决方案的战略地图(如图3-25)。它的核心价值流程就是客户管理流程,也代表客户管理流程是客户解决方案战略的重中之重,从下往上都会呈现它们的一致性。

只有这样,我们才能知道BLM和BSC里的一致性都是如何体现的。我们学习科学经营,最重要的是要掌握好全景、结构及执行。如果我们对这种一致性了解不到位,大量的消耗就会产生。哪怕我们平时很勤奋去做聚焦、松土、分、拆、对,把一贯性做得很好,但是一致性做不出来,都被消耗了,最后也会变成了无用功。简单来说,解决了内部消耗性的问题,但是没有解决结构性消耗的问题,等于只是从表面上解决了消耗问题,实际上整体消耗更大了。

比如,在一年当中,一家企业要完成的关键任务可能只有五六件事。把这五六件事做好了,企业就能发展得很好。要是没有解决好一致性的问题,其中可能只有50%的资源能够用在价值主张的实现上,另外50%的资源就被用来补短板了。

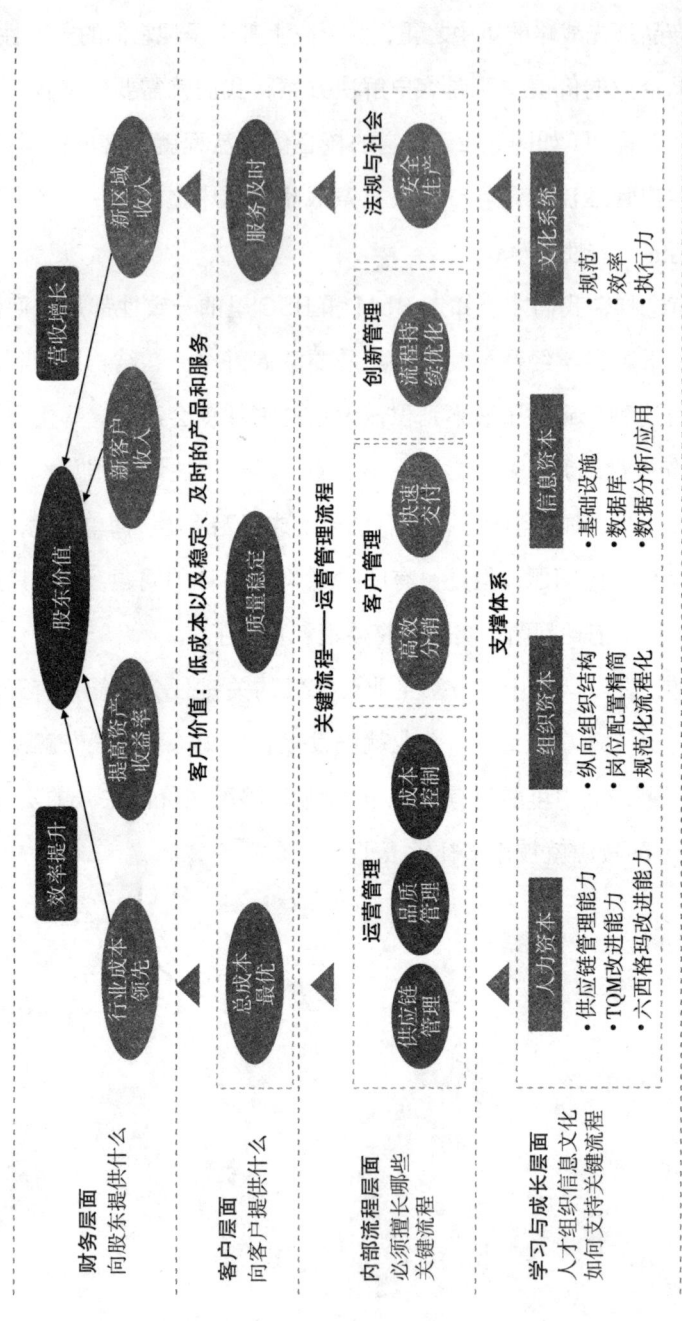

图3-23 总成本最低战略地图

3 科学经营12349系统如何落地

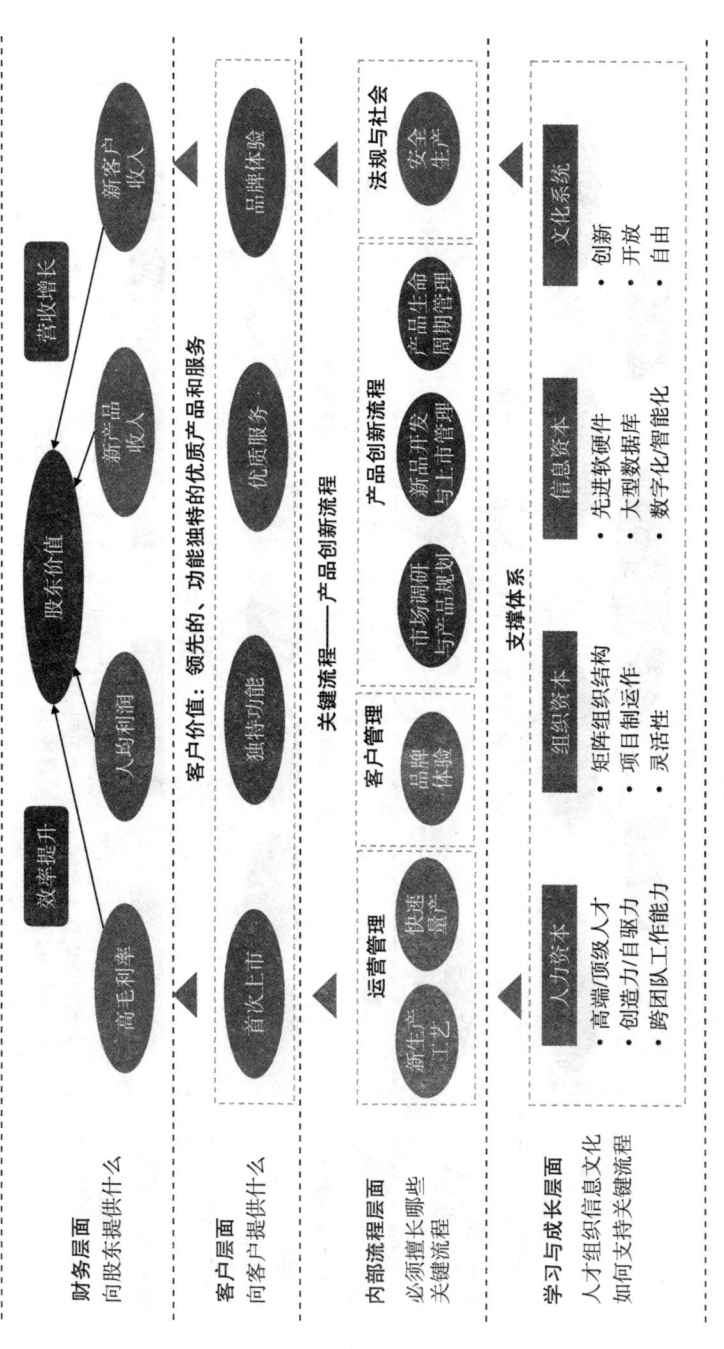

图3-24 产品领先战略地图

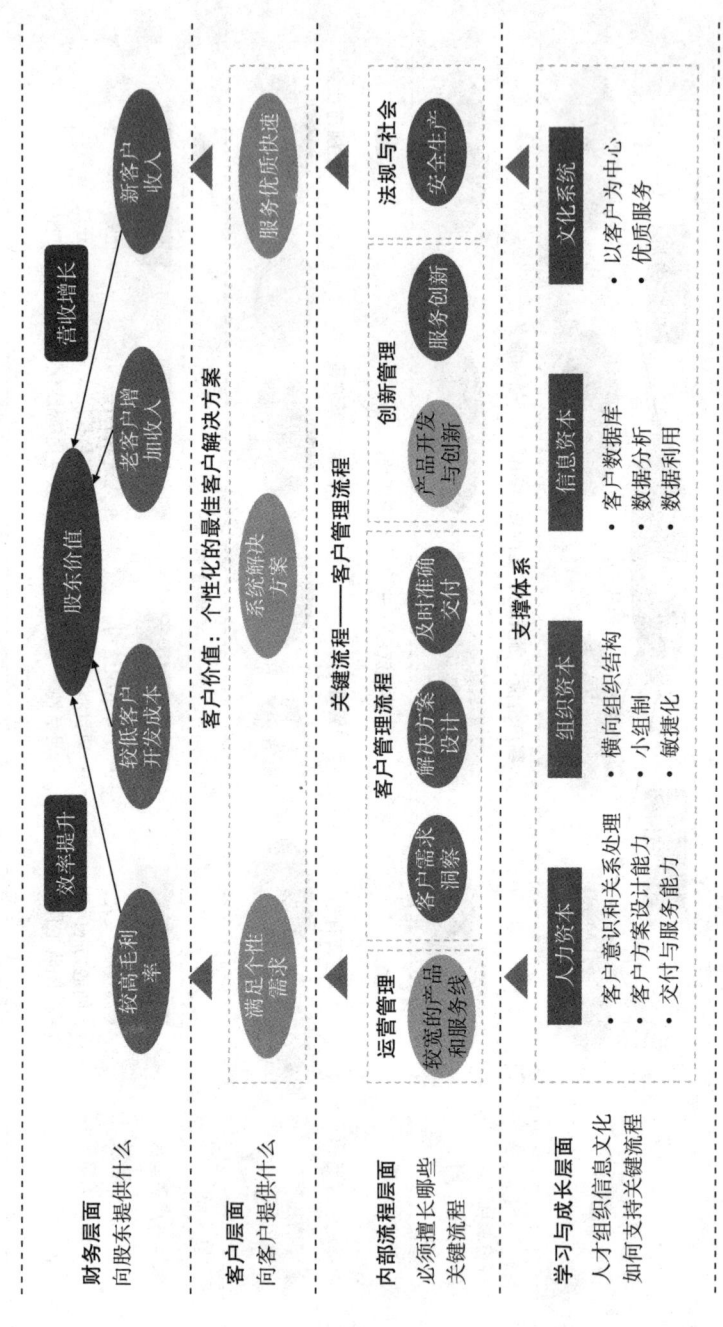

图 3-25 客户解决方案战略地图

再如，前文提及的某公司年度业务规划，关键任务到最后都要体现在年度规划上。从财务（F）到客户（C）是拆动作，然后到内部流程（I）进行立项，并且以I1大客户开发作为公司的核心价值流程，也是公司要建设的核心能力；公司的破局点就体现在C1，即搞好每个月的增长训战营……这样才能匹配结构的一致性。

▪ ▪ ▪ ▪ 用科学经营系统助推企业高质量发展

1. 要有"成为第一"的勇气

众所周知,老子以"天、地、人"和"道、法、术、器、势"的思想奠定了道家的灵魂。企业要进行科学经营,实现高质量发展,也要重视"道、法、术、器、势"。

在科学经营的理解中,"道"就是我们经营企业的大道,持续经营,要做就做第一。我非常强调这个概念。因为我们能不能有做第一的心,决定了企业的未来走向。越大的类目做起来就会越难。有了做第一的那颗心,我们就会逼着自己去细分市场里努力。在宽广的赛道里做不到第一，就要去找一个有潜力的细分市场做第一。我们没有生出做第一的心，就会在困境中不断挣扎。

望天树做智慧窗帘，做到了第一名，可以越做越好；光华做科学经营，做到了第一，接下来也会越做越好。立大志，人的状态就会不一样，整个小宇宙就会爆发。

那么，怎样做才能成为第一？道以明向，法以立本，术以立策，势以立人，器以成事。要成为第一，就要有方法论，有模型，有底层框架。BLM 解决了战略从规划到解码再到执行的问题，是一个很好的底层框架。BSC 就是要用到的策略和操作方法。绩效飞轮就是要用到的工具。再加上我们要顺势而为，这样的综合因素才能让我们的企业在某个细分领域做到第一。

道就是我们那颗创建伟大的公司的初心。道生发出来了以后，要做第一的决心就下定了。我们目睹了很多人已经把企业做到某方面的第一，但第一的状态只持续一两年的情形。这很大程度上是因为他们不仅仅在"道"的方面出现了缺失。而科学经营在"道、法、术、器、势"方面都让企业有据可依，有工具可用。

2.统一业务视角，进行智能型管理

目前，不少企业还在采用经验型管理的模式。经验型管理的最大考验和挑战就在于它是基于老板个人喜恶的。这种模式没有特定的逻辑，也不讲究结构，很容易出现拍脑袋做决定、"脚踩西瓜皮，滑到哪里是哪里"等情形。可以说，成也老板，败也老板。老板的高度就是企业的高度。要是老板年纪大了，思维跟不上时代了，必然会带来一个

尴尬的结果——企业越做越差。

很显然,企业要实现高质量发展,不能依靠个人经验主义。更别说,现在已经进入从经验型管理向智能型管理过渡的时代了。只有采用智能型管理,利用大模型驱动,结构化地推动企业的可持续发展,我们才能把企业经营得越来越好。如果还是老一套,企业可能就会迅速从B阶段掉到C阶段,甚至直接崩溃。情况好一点的话,企业也会像坐上过山车,永远在跌宕起伏。向上,还好说;最怕向下跌。

为了帮助企业向智能型管理转型,光华在2023年推出了"3B理论"(如图3-26),分别是BLM(业务领先模型)、BSC(平衡计分卡)和Business(业务视角)。在图3-26中,横向的纬度是BLM,代表着战略从制定到执行;纵向的经度是BSC,包含财务、客户、内部流程、学习与成长四个维度。不管是经度,还是纬度,永远离不开大气层,这个大气层就是Business。如今,业务视角变得越来越重要,这是一切的基础。我们要实现企业的高质量发展,要用科学经营系统做战略执行,用到BLM和BSC工具,前提就是Business。

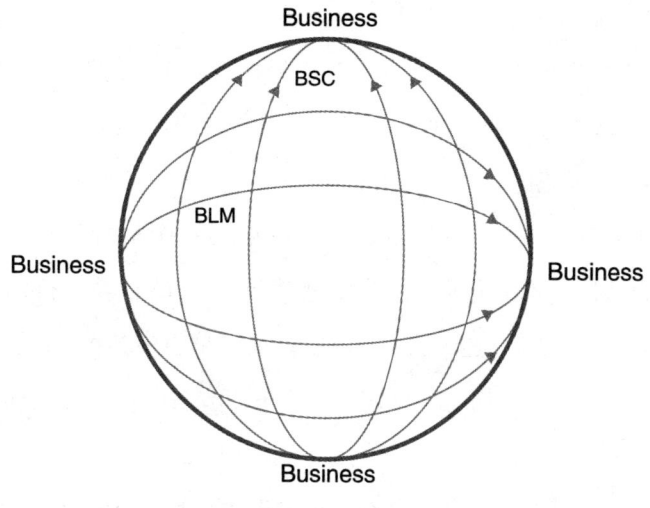

图 3-26　3B 理论

Business 的根本叫统一业务视角。统一业务视角有三个原则。

第一个原则，以客户为中心。

以领导为中心，以老板为中心，整个企业会出现一批拍马屁的人，说着领导/老板喜欢听的话，做着领导/老板喜欢看的 PPT，至于业务，并不是他们考虑的优先项。以企业为中心，就是生产什么，就研发什么；生产什么，就销售什么；根本不考虑客户的实际需求。久而久之，企业就会出问题。

为什么会出问题？核心原因就是企业没有以客户为中心，既没有解决客户的实际问题，又失去了创新的基础。此外，没有以客户为中心的企业文化导致企业的业务视角无法统一，于是整个企业的价值观就混乱起来。这样一来，科学经营就无从谈起，更别提企业的高质量发展了。

因此，要用科学经营来实现企业的高质量发展，企业文化的第一条就是"以客户为中心"。比如，华为的核心价值观是以客户为中心，以奋斗者为本，长期坚持艰苦奋斗。光华的核心价值观是始终坚持以客户为中心，守正创新，团结高效。

我们要实现企业的高质量发展，实现科学经营，回到 Business，第一条就是让所有人员同频共识，所有团队成员必须坚持同一个信念——以客户为中心。这一点太重要了，而且是重中之重，需要我们经常性地调焦、松土。切记：调焦、松土的首要目的就是看看是不是以客户为中心。

谷歌在企业的每一个会议室里都会摆上一把椅子，这把椅子背后贴着一张标签——"customer"（顾客，也可译作客户）。与会人员各自发言之后，还要思考自己有没有站在客户的角度去思考问题，是否倾听了客户的声音，了解了客户的需求，以及是否帮助客户解决了问题。不管企业规模大小，哪怕只有几个人的企业，也要以客户为中心，像谷歌一样面朝客户，背向领导。

第二条原则，以增长为主线。

这条原则的潜台词是所有人都必须以价值作为最基准的评判标准。如果两个人平级，我们不可能让业绩好的人去听业绩差的人的指挥。这样做，就背离了统一业务视角，就会让企业陷入混乱。大家的出发点不一样，价值观不一样。有的人是资源型的，有的人是关系型的，有的人是价值型的，有的人是自我型的。如果大家各行其是，那就会出现"出四孔者，其国必亡"的情况了。利出一孔，意味着整个企业评判的基准价值标准只有一条。"利"的核心就是价值，价值只有一个标准。谁对企业做的累计价值贡献大，谁就是企业的功臣。

不久前，有位朋友来看望我。他之前所在的那家企业在所在行业做到了全国第一，遗憾的是后来倒闭了。我就问他："那家企业是怎么'死掉'的？"他说："整个企业当时分成了两个事业部，可两个事业部的考核标准不一样。我所在的事业部是用净利润的比例作为上交的标准，而另一个事业部是以营业收入的比例作为上交的标准。董事长喜欢按照营业收入比例往上交的那个事业部，还向那个事业部做了资源倾斜。这样一来，两个事业部就斗得很凶，到最后一拍两散了。"

已经做到了所在行业的全国第一，还是倒闭了，固然非常可惜，但如果开始就以价值作为企业最基准的评判标准，该企业还是可以继续延续原来的辉煌的。

光华从2019年11月1日启动的个人阿米巴就遵循了这一评判标准。启动了个人阿米巴之后，光华所有的业务线伙伴，每个人每个月挣多少钱，亏多少钱，都清清楚楚。个人业绩清楚之后，团队业绩肯定也会清清楚楚。

我跟所有部门经理说："部门经理就是一家家股份公司，所有的员工个人就是一家家销售公司。"比如，某部门有11名员工，那么该部门经理就有11家销售公司。一切都是业绩说了算，价值评判标准就归一了。

员工个人价值评判标准确认了，部门经理的价值评判标准也就有了。在这家股份有限公司，部门经理占多少比例，我就给他做多少基于增量的奖励。在光华，所有业务线伙伴都是一个基准，那就是你累计给企业挣多少钱，就拿多少底薪和相应的提成比例，这两个基数都跟累计利润挂钩。比如，累计挣了2000万元利润的人，肯定比累计挣了200万元利润的人，在底薪上要高很多。统一业务视角，就以业绩增长为主线。哪个人和哪个部门更有利于业绩增长,企业就更倾向哪个人和哪个部门。

第三个原则,坚持系统性思维。

系统性思维,也就是前文提到的大思维的一个重要方面。坚持系统性思维的本质,就是看见整体。谁能看到整体,意味着谁能更有效率地解决问题。一个好的决定,就是看见整体的局面比较大,做的决策就更容易接近正确方向。站在一个点上,站在一条线上,或仅仅站在一个很小的局部上看到一些要素,然后去做了一个决定,大概率会出错。如果能站在一个更高的层面去看问题,做对决策的概率就更大。

很多人一辈子都做不好决定,就是因为他们仅仅关注那个点,深陷局部的思维和情境当中,不能从大局出发。为大局服务,这句话是有力量感的。因为为数不少的人是没有大局观和全局观的。大家都站在自己的角度考虑问题,人跟人之间就会矛盾重重,企业又怎么会经营得好?

在企业内部,大家都站在企业的角度看问题,从根本上来讲,是没有大矛盾的,但为什么部门和部门之间会发生矛盾?为什么人和人之间老出现内耗?为什么公说公有理,婆说婆有理?原因就是,每个人都是站在自己的局部去形成结论。要坚持系统性思维,就要坚持全局观。

老板站在管理的角度去解决管理问题,就是没有全局观的表现。绕一个弯,到业务上去解决这个问题,全局观就慢慢有了。不是管理上出了问题,就不要用管理手段。值得注意的是,90%的管理问题,都是不用管理手段的,而是要用到业务手段的。业务治百病,有全局的观念,才有这样的疗效。

BLM就是一个经营模型,即业务领先模型,也有人戏称为"别乱摸"。尽管这个称呼存在一定调侃的成分，但也是给老板提了一个醒，一定要选择适合自己企业发展的模型。BSC 则是过去几十年间全球众多知名企业公认的伟大管理工具。一些已经成为所在行业头部企业的企业没有使用它，是一种极大的遗憾。这就相当于战场上已经有机关枪、坦克了，一些人还是拿了一根棍子往上冲。

如果统一业务视角这件事情做不好，我们在使用 BLM、BSC 时就会令效果大打折扣。这就要求做老板的要三天两头去调焦、松土，去调整统一业务视角。只有这样，BLM、BSC 才能顺利落地。

3. 不要成为评论家

图 3-27 是我在 2023 年度演讲中用到的一张 PPT。阿城写了一本书，叫《通识与常识》，我的这张 PPT 就借用了其中的概念。在这张图中，横坐标就叫通俗水平认知，简称"通识"。现在，我们要获取通识，途径有很多，学习线上课程、听书、看抖音等都是可选项。因为有多种获取方式的加持，在通识这个维度上，我们的知识面已经变得非常宽广了。遗憾的是，这些途径提供的知识几乎都是碎片化的，缺乏逻辑性和系统性，即便一个人的记忆力再好，也很难把全部知识都记下来。

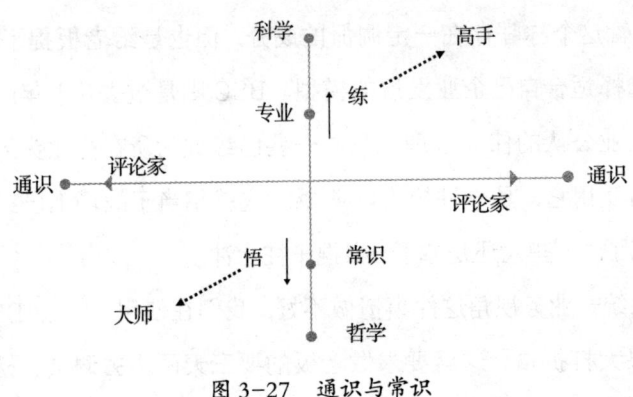

图 3-27　通识与常识

此外，一个人水平认知多了以后，容易成为一个评论家，喜欢指点别人，满嘴都是新鲜时髦的词汇，表现得好像无所不知，但依然做不好自己的企业。宽广的知识面反而让自己变得越发浮躁。由此可见，光有水平认知，即便知识面再宽广，也很难真正改变一个人。

真正改变一个人的是垂直认知，也就是我们所说的"常识"。碎片化知识成就不了常识，只有结构化的知识才能形成垂直认知。举个例子。同样是一本书，我们通过听书来了解它，就很难找出该书的逻辑所在；通过阅读来了解它，找到逻辑就很容易。所以，我们必须要形成垂直认知。

在常识这个维度上，往上走向科学，往下走向哲学。

在走向科学的过程中，我们需要经历一个叫"专业"的过程，也就是我们要让自己先成为某个领域特别专业的人。专业到一定的程度，才能叫科学。科学包括数学、模型驱动、结构化分析、深度思考等能力。这个过程要不断练习，才能成为高手。

哲学是一个回归常识的过程。哲学的根本在于"悟"。一个人能练成高手，能悟成大师，但都需要经历一个痛苦的过程。这个过程非常枯燥，需要不断地进行训练，就像践行 10000 小时定律一样，就像美团创始人王兴所说的，真正的高手都在苦练内功。

只有成为行动的巨人，才能成为高手，成为大师，成就真正厉害的企业。成为评论家，做语言的巨人、行动的矮子，是最不可取的做法。

与此同时，我们必须切记，任何一个理论体系都无法解决所有的问题，认知是有层次的。借用哥德尔的理论，低层次认知解决不了的问题需要高层次认知，但高层次认知依然有其缺陷，这就形成了一个不断向上的结构。我们要不断地向上攀登，才能把企业越做越好。这就好比站在比你高一个维度的层次，用低维度世界无法想象的武器攻击你，攻击的效果往往就是：我不是针对你，而是将你的整个世界拍平。

光华近两年的咨询+陪跑业务同以前相比至少涨了 10 倍，未来有机会还可以再涨，就是因为用科学经营去做配套服务。原先，做企业陪跑业务采用的是传统咨询套路，方式是散的，即便是国内同行业的知名企业也没有一套自己的方法论，只是做了咨询师联盟。但是，全球真正厉害的咨询公司都有一套自己的方法论。比如，麦肯锡有 7S 模型[1]，罗兰贝格有战略调色板[2]。科学经营就是光华自己的方法论，是高维升维。光华现在和国内的同行相比，完全是上升一个层次。有理论做支撑和没理论做支撑，是完全不在一个水平线上的竞争。同样的客

---

[1] 7S 模型是麦肯锡顾问公司研究中心设计的企业组织七要素，指出了企业在发展过程中必须全面地考虑各方面的情况，包括结构（structure）、制度（system）、风格（style）、员工（staff）、技能（skill）、战略（strategy）、共同的价值观（shared values）。

[2] 战略调色板是反映环境不可预测性、可塑性和严苛性的战略矩阵，将战略分为经典型（做大）、适应型（求快）、愿景型（抢先）、塑造型（协调）、重塑型（求存）五种战略模式。

户，光华用高维打低维，可能不费吹灰之力就能拿下。科学经营就是光华的势能。做企业一定要做势能，也就是要做出自己的独特性。维度上升，竞争力就越来越强。这样的降维打击链在每一个行业都存在。

对于企业来讲，战略就是做对的决定，战略就是取舍，战略就是舍九取一；战术就是利出一孔，知道并决定不做什么，才是真正知道怎么做战略。

光华的整个发展过程就是"舍九取一，利出一孔"的明证。光华把线下的培训、咨询、软件业务都放到了杭州，在总部只给自己保留了一项业务——做在线网络商学院。这样的聚焦非常有用，让光华迅速成为国内 ERP[①] 在线学习头部品牌，并在行情比较低迷的情况下创造了 2.2 亿元的净利润。

很多企业业务线越做越宽，但是它们的业务、产品都是离散型的，这导致整个企业的资源配置也都呈现离散的状态。我们必须要千方百计地达成一个共识：所有企业的资源都是有限的。在这个前提下，再去考虑企业战略目标的设定和战略选择问题。如果离开了资源的局限性，人就容易变得狂妄自大，企业到最后就容易一地鸡毛。

盈利水平很好的成长型企业通常都是在细分市场里做得不错的企业。它们都有一个基本面，那就是老板真正想明白了要做什么；都有一个共同点，那就是切入点都比较小，舍九取一做得比较到位。

在不同的选择过程中，企业会迸发出很多的战略转折点。所谓战略转折点，是指企业的根基所在即将发生变化的那一时刻。这个变化有可能意味着企业有机会上升到新的高度，但它同样有可能标志着没

---

① ERP，即 Enterprise Resource Planning，意为企业资源计划。

落的开端。

战略转折点就是重要变化点。像你大学选择了哪个专业，毕业以后选择在哪个城市工作，第一份工作选择的是哪一个行业，这些都是重大的战略转折点。一家企业选择做哪个产品，放弃做哪个产品，这些都是重大的战略转折点。一个创业者选择做哪个赛道，放弃做哪个赛道，这些都是重大的战略转折点。

就拿黄铮来说，他2007年回国后就做起了欧酷网，对标京东卖手机。短短三年时间，就把营业额做到了6000万元。2010年，黄铮卖掉了欧酷网，专心做起了电商代运营公司——乐其。又是一个三年过后，乐其成了淘宝的"金牌淘拍档"，年销售额过亿元，利润超过千万元。2013年，黄铮又孵化了第三家公司——寻梦游戏。很快，寻梦游戏在增速和盈利方面都超过了乐其。2015年，他开始做拼好货，也就是拼多多的前身。2018年，拼多多在美国上市。上市首日收市时，市值近300亿美元。2024年，拼多多在市值上几度超越阿里，问鼎中国电商"一哥"。黄铮每一次的战略选择都综合考虑了经济环境、行业形势、利润等因素。

有观点认为，对于中小微企业来说，毛利润1亿元是个重要的节点。当一家中小微企业做到毛利润1亿元的时候，该企业在所属行业内已经开始有了一定的话语权，也就到了一个重大的战略转折点。

这些重大战略转折点一旦出现，就需要企业家迅速做出决策。此时，企业家往往会陷入理性与感性的交织中，并容易做出感性决策。这就需要职业经理人在执行的时候更为理性。大家如果决策时都偏感性，就可能为企业带来灭顶之灾。

附表

表1 战略意图

使命	
愿景	
价值观	

表2 SWOT分析

外部＼内部	优势（strengths）	劣势（weaknesses）
机会（opportunities）	OS（增长型）	OW（扭转型）
威胁（threats）	TS（多种经营型）	TW（防御型）

表3 市场洞察——机会点、增长点、破局点

机会点	市场有哪些机会?
增长点	哪些地方能带来业绩增长?
破局点	把精力和资源都聚集在哪些方面?

表4 未来业务组合

	定义与特征	现有业务组合	未来业务组合（1～2年）
核心业务（H1）	收入与利润的主要来源		
成长业务（H2）	市场增长和扩张机会的来源		
新兴业务（H3）	未来长期增长的机会点		

表5 企业/业务流量路径

	现有的流量路径	期望的流量路径
T1		
T2		
T3		
T4		

注：T1为线上B端流量入口，T2为线上C端流量入口，T3为线下C端流量入口，T4为线下B端流量入口。

表 6　业务设计

项目	当前的业务设计	期望的业务设计	可能遇到的挑战
客户选择			
价值主张			
价值获取			
业务范围			
战略控制			

表7 价值主张

序号	业务名称	当前价值主张	期望价值主张
01			
02			
03			

表 8　____年年度规划（BP）

角度	目标项描述
财务 （F）	
客户 （C）	
内部流程 （I）	
学习与成长 （L）	

表9　____年必须打赢的仗

序号	主题词	必须要打赢的仗	主帅	副帅

表10　____公司正式组织定位与发展

维度＼类型	牛顿式管理组织	量子式管理组织
特征描述	机器 强组织 自上而下 重制度、流程 管控、计划、指挥 还原论 集中式 ……	生命体 自组织 自下而上 重机制、文化 关系、意义、信任 系统论 分布式 ……
公司组织 特征描述		
初步比例 判断	____%	____%
期望比例	____%	____%
关键措施		

表11 公司流程图谱

从战略到执行流程描述		
主流程 驱动业绩增长	次流程 驱动效率提升	边流程 驱动费用控制
子流程		

(续表)

_____流程全景图		流程目标_____	
端＼流	关键动作	关键节点	关键数据

表12 关键人才与管理人员 AB 岗

部门名称	岗位名称	A岗姓名	B岗姓名
决策委员会			
执行委员会 （班委）			
其他			

表13 企业"四梁八柱"人才盘点

	岗位类别	在岗人员	评估与改善
四梁	人力		
	财务		
	技术（研发）		
	供应（交付）		
八柱	八大业务支柱支撑现有业绩和未来业务的关键人员		

表14 经营者文化创新落地改进表

现在的价值主张	
现在的文化特征	
期望的价值主张	
文化创新的改进措施	

表 15　　　年　　　月月度 BSC

角度	目标项描述
财务 （F）	
客户 （C）	
内部流程 （I）	
学习与成长 （L）	